Notre métier a mal tourné

Des mêmes auteurs

Philippe Cohen

Le Bluff républicain, Arléa, 1997.
Protéger ou disparaître. Les élites face à la montée des insécurités, Gallimard, 1999.
La Face cachée du Monde. Du contre-pouvoir aux abus de pouvoir, en collaboration avec Pierre Péan,
Mille et une nuits, 2003.
BHL, une biographie, Fayard, 2005.
La Chine sera-t-elle notre cauchemar ? Les dégâts du libéral-communisme en Chine et dans le monde,
en collaboration avec Luc Richard, Mille et une nuits, 2005.
La Face karchée de Sarkozy, BD-enquête en collaboration avec Richard Malka et Riss,
Fayard-Glénat, 2006.
Sarko Ier, BD-enquête en collaboration avec Richard Malka et Riss, Fayard-Glénat, 2007.
Au revoir Royal, livre-entretien avec Marie-Noëlle Lienemann, Perrin, 2007.

Élisabeth Lévy

Les Maîtres censeurs, J.-C. Lattès, 2002 ;
Livre de Poche, 2002.
Festivus, festivus, conversations avec Philippe Muray,
Fayard, 2005.
La Discorde : Israël-Palestine, les Juifs, la France,
entretiens avec Alain Finkielkraut et Rony Brauman,
Mille et une nuits, 2006.
Le Premier Pouvoir : inventaire après liquidation,
Climats, 2007.

Philippe Cohen
Élisabeth Lévy

Notre métier a mal tourné

Deux journalistes s'énervent

MILLE ET UNE NUITS

Que Jean-Michel Quatrepoint soit ici remercié,
qui, au cours d'une conversation avec l'un des auteurs
portant sur la situation du journalisme,
laissa tomber la phrase que nous avons choisi
de donner en titre de notre ouvrage.

Conception de la couverture et illustration : off

© Mille et une nuits,
département de la Librairie Arthème Fayard,
janvier 2008 pour la présente édition.
ISBN : 978-2-75550-041-7

Que nous est-il arrivé ?

« Les journalistes sont l'avenir de l'homme. » Le slogan de la campagne de publicité pour le quotidien gratuit *20 Minutes* sera peut-être placardé un jour prochain dans les halls des écoles de journalisme. De fait, il serait bien nécessaire de remonter le moral aux jeunes générations au moment où de nombreux anciens ressassent la crise du métier, affichant une mélancolie derrière laquelle perce l'agaçante nostalgie d'un journalisme qui n'a peut-être jamais existé que dans leurs imaginations.

Crise du journalisme ? La statistique se rit des états d'âme : en 2006, on recense 36 503 cartes de presse en France[1], soit une progression de 25 % en dix ans. Seuls les effectifs des téléopérateurs installés à Marrakech ou à Bucarest, des assistantes de « fin de vie » ou des vendeurs de résidences secondaires connaissent une croissance comparable. Logique :

---

1. Statistiques de la Commission de la carte de presse de journaliste.

ces emplois sont bien ceux d'une époque qui produit du loisir, de la durée de vie et de l'information – ou ce que l'on persiste à qualifier ainsi.

Aucune raison, donc, de désespérer ceux qui se rêvent en héritiers de Tintin, d'Albert Londres ou, plus vraisemblablement, de Patrick Poivre d'Arvor. « Recrutons journalistes », proclame *20 Minutes* dans la même campagne. *Big Media est parmi nous.* On nous annonce de plus en plus de chaînes de télévision accessibles sur un nombre croissant de supports : ordinateurs, téléphones portables, automobiles. La télé partout et à toute heure. Sans compter l'avènement, grâce à Internet, d'un « média-monde » caractérisé par la circulation – peu importe ce qui circule. « Le contenu n'est rien, le mouvement est tout » : l'univers des médias redonne vie à la formule du marxiste réformiste Bernstein. Encore faut-il qu'il y ait quelque chose plutôt que rien sur l'écran de télévision ou d'ordinateur auquel nous sommes rivés. La consommation médiatique augmente, la production doit suivre. Derrière les micros, les écrans, les consoles d'ordinateurs, il faut encore, il faut toujours, et c'est un petit miracle dans un monde où tout s'automatise, des journalistes.

En conséquence, si le journalisme ne peut plus prétendre à la fonction sociale et au prestige auxquels il permettait d'accéder autrefois, les journalistes ont quelques raisons de croire en leur avenir. Or, il suffit de fréquenter le *milieu* pour humer les vapeurs insistantes du désenchantement. On peut donc se demander pourquoi ils sont si nombreux à entonner le refrain du « tout fout le camp ». À quoi bon ? Cette question qui contient sa réponse est devenue la devise d'une corporation habitée par le doute.

Le journaliste, « avenir de l'homme » ? Peut-être. Sauf qu'il ne s'agit pas du même homme qu'hier. Et encore moins du même journaliste. Tous font désormais profession de détester l'idéologie, à l'instar de notre PPDA national qui, invité comme toutes les gloires de la profession, à réciter un petit compliment pour célébrer les vingt ans de France Info, déclare se délecter chaque matin de l'information « dépolluée » de tout commentaire que diffuse en continu la station. Surtout, ne pensons rien, c'est encore le plus sûr moyen de durer. Tendons les micros. Au lendemain des élections législatives de juin 2007, la journaliste de France Inter qui a réalisé le scoop du jour – l'entretien dans lequel Ségolène Royal annonce sa séparation d'avec François Hollande, secret de Polichinelle depuis des mois[1] – conclut son témoignage par cette phrase sentencieuse et définitive : « Encore une fois, Ségolène Royal prend un risque politique et personnel. Dans une démarche transparente. *À l'anglo-saxonne.* » Ce vocable reviendra plusieurs fois dans les propos de la journaliste, comme s'il se passait de tout commentaire. Qui oserait contester une démarche « à l'anglo-saxonne » ? Derrière le qualificatif se profile toute l'idéologie du journalisme contemporain. Admet-

---

1. L'annonce de leur séparation avait cependant filtré l'avant-veille de la diffusion de l'entretien exclusif de Ségolène Royal sur France Inter. En fin d'après-midi, le dimanche 17 juin 2007, l'information était annoncée sur le site Marianne2007.info avant qu'elle ne vienne perturber la soirée électorale, les socialistes étant sommés de commenter un fait qu'ils connaissaient, mais dont ils ne s'attendaient pas à ce qu'il soit publié.

tons que la rupture entre le premier secrétaire de l'un des principaux partis du pays et la candidate qui en a porté – jusqu'à la défaite – les couleurs pour l'élection présidentielle n'est pas entièrement dépourvue de signification politique. Mais alors, du point de vue des journalistes qui en étaient tous informés, comme de celui de la si transparente intéressée, était-ce bien « anglo-saxon » de taire cette information durant toute la campagne ? Et croit-on l'auditeur benêt au point de ne pas savoir que cette transparence à géométrie variable est l'alibi d'un entre-soi dont il est exclu ?

Pas de quoi s'énerver, dira-t-on. D'ailleurs, on nous l'a dit si souvent. Vous exagérez. Vous ne savez que dénigrer. Nous ne méconnaissons pas le risque de passer pour d'arrogants donneurs de leçons. Pourtant, dès lors que nombre de nos confrères, comme on dit dans le métier, partagent nos doutes, nos exaspérations et, surtout, nos désillusions, il est peut-être salutaire de les exposer.

Il est difficile de faire comprendre la colère qui nous saisit parfois à l'écoute des « nouvelles » ou à la lecture d'un article. Le langage journalistique a de plus en plus souvent quelque chose d'orwellien – encore qu'il serait plus juste de dire qu'il est *bigbrotherien*, c'est-à-dire précisément contraire à l'exigence de morale et de lucidité qui était celle d'Orwell[1]. La complaisance envers l'air du temps se donne pour de

---

1. Orwell fit d'abord œuvre de journaliste avec ses livres *Paris et Londres dans la dèche*, *Le Quai de Wigan*, puis *Hommage à la Catalogne*. Avant Truman Capote, il transmua le journalisme en forme littéraire. Dans son grand roman *1984*, Big Brother, incarnant le pouvoir absolu et usant de la *novlangue*, impose une réalité fausse.

l'impertinence, l'opacité « se la joue » transparente, le cynisme se maquille en vertu. Tel patron de presse vitupérant dans ses colonnes la « politique de la précarité » recourt abondamment à ces travailleurs sans contrat que sont les pigistes : le médiacrate souffre pour les précaires... surtout pour ceux qu'il n'emploie pas. Telle grande conscience de la profession multiplie intrigues et coups tordus. Sans doute faudrait-il étayer d'un exemple chacune de ces accusations... Vous voilà prudents ? Peut-être. Notre refus de désigner d'emblée des coupables n'obéit pas seulement à la nécessité où nous sommes de continuer à exercer notre métier. Il vient aussi du sentiment que nous avons été collectivement happés dans un processus que personne ne souhaitait. C'est ce processus que nous cherchons à comprendre – avec le mince espoir qu'il est encore possible de l'enrayer.

Que nous est-il arrivé ? Comment la fierté d'exercer une profession à la fois excitante et utile au bien public a-t-elle cédé la place à la vague honte d'appartenir à un troupeau – honte de véhiculer bêtement toutes les vulgates au goût du jour plutôt que de mener son travail à son idée, en toute indépendance ; honte de pratiquer une forme de communication, plus ou moins explicite ; honte d'user de la connivence ou d'en bénéficier ? Il y a donc pour les deux auteurs – comme pour nombre de leurs confrères – une crise fondatrice, un moment où, pour la première fois, on a le sentiment de ne plus appartenir à la famille. Chacun de nous évoque dans les pages suivantes sa « scène primitive [1] ».

---

1. Voir pp. 23-28.

L'objet de ce livre est de penser cette mutation dont nous, journalistes, sommes à la fois coupables et victimes, sujets et objets. Avant de nous lancer dans cette entreprise aussi difficile que douloureuse, il nous faut essayer de faire partager au lecteur le sentiment de vertige qui nous l'a suggérée, voire imposée.

Quelque chose a changé. En vérité, tout a changé. Quand le verbe est prié d'abdiquer devant l'image, quand la distance est sommée de s'incliner devant la proximité, quand la médiation doit céder à l'immédiateté – en somme, quand la réflexion a perdu toute dignité face à l'émotion –, il ne reste qu'à s'adapter. Vous écriviez ? Eh bien, montrez-vous maintenant ! Vous cherchiez du sens ? Fabriquez du show ! Destruction, création... la roue tourne, nous l'avons appris en classe d'économie libérale. Le bateau est grand, il suffit de monter dedans.

Que nous est-il arrivé ? Les journalistes avaient le privilège, mais aussi la responsabilité, de faire partie de ceux qui ont le pouvoir de parler. Ils sont aujourd'hui grisés d'être regardés. La plupart ne se mêlent plus – et c'est sans doute heureux – de guider les masses. Beaucoup n'aspirent qu'à faire partie de ces *people* qui fascinent le peuple. Leur identité repose sur leur supériorité sociale.

De ce point de vue, le mariage, le 15 septembre 2007, du sénateur socialiste Henri Weber et de sa compagne de longue date, la productrice de télévision Fabienne Servan-Schreiber, fait figure de parabole. Une journaliste du *Monde* a décrit cet événement politico-mondain comme un précipité du destin de la gauche[1]. Mais conformément au vieil

---

1. Ariane Chemin, « La gauche à la noce », *Le Monde*, 3 octobre 2007.

adage de la paille dans l'œil du voisin, elle a ignoré la dimension médiatique de l'affaire. Or, la liste des invités comprenait presque autant de vedettes de la presse, des ondes et de la télévision que de politiques. On a bien le droit d'avoir des amis, dira-t-on – même si en avoir huit cents n'est pas donné au commun des mortels (sauf aux mordus de Facebook). Poussé à ce point, le concubinage entre politiques et journalistes est mortel pour les seconds – et peut-être pour les premiers.

« Si on n'est pas invité ce soir, c'est qu'on n'existe pas socialement. » La remarque du très médiatique psychanalyste Gérard Miller disait à la perfection l'angoisse qui hante les salles de rédaction. Il n'est plus besoin d'être « absolument moderne », comme le décrétait Rimbaud ; il importe d'être résolument à la mode – d'en être, tout court. Ces quelques mots résument le changement qu'a connu – ou subi – le métier. Désormais, les journalistes existent socialement. Ce qui signifie qu'ils existent fort peu individuellement. Chroniqueur pour la NPR (National Public Radio), la radio publique américaine, Dan Schorr a cinquante ans de journalisme dans les pattes. Il parle du métier qu'il a connu comme d'un continent englouti. « Les journalistes d'antan picolaient un peu trop, étaient mal payés mais ils étaient au service du public. Aujourd'hui, ils s'intéressent à l'argent, à la gloire et se fichent du public[1]. » (Ils adorent une abstraction qu'ils appellent « public » et qui présente l'avantage sur le public concret de ne jamais contrarier les récits préfabriqués par les

---

1. Élisabeth Lévy, « Pourquoi l'Amérique de George W. n'aime plus ses journalistes », *Marianne*, 10 septembre 2005.

médias.) À cela, on pourrait ajouter qu'ils boivent du Coca-light et fréquentent les salles de gym. Le rêve du néo-journaliste « dans le coup » est de dîner avec les riches et/ou célèbres dont il parle.

Caricature, bien sûr. Avec sa part de vérité. Pour un certain type de personnes, en particulier les héritiers de la bourgeoisie cultivée, la fréquentation des journalistes est un supplice : incultes, grossiers par ignorance et désinvolture, ils martyrisent le français, ne répondent pas aux courriers mais vous somment d'être disponibles à la seconde s'ils ont besoin de vous.

Cette ascension sociale des journalistes s'est opérée au prix d'une indéniable fracture de la profession entre les célèbres et les anonymes.

Les seconds, groupe plus hétérogène du point de vue socio-économique, ont en commun d'être en liberté surveillée et de devoir avaler un nombre croissant de couleuvres. Certains connaissent le relatif confort du salariat, tandis que d'autres, appartenant à un nouveau sous-prolétariat, perçoivent au gré des collaborations des revenus inférieurs à ceux que les journalistes d'en haut versent à leurs femmes de ménage. À quatre-vingts euros de salaire brut la journée de neuf heures, forfait proposé aux pigistes d'un site d'information en ligne très populaire, on ne se la joue plus héros de l'information.

L'aristocratie du journalisme se reconnaît, elle, à sa fréquentation des grands restaurants et d'autres endroits à la mode. Ses représentants passent à la télévision et à la radio, et raflent tous les postes susceptibles de renforcer encore leur capital symbolique – et accessoirement financier : chroniques, émissions, éditoriaux et « ménages » sont devenus pour les seigneurs de la médiacratie l'équivalent des jetons de présence dans le monde des affaires[1]. Dans leur vision du monde, un bon journaliste est celui qui tutoie les puissants.

Avec la gloriole sont venus les intérêts, de plus en plus présents en filigrane dans un papier, un reportage, un éditorial ou au détour d'une prise de position. Quel puissant défend celui-ci ? Quels comptes règle cet autre ? « Aujourd'hui, c'est la pub qui décide de tout », confie, franchement amère, la responsable des pages « culture » d'un magazine. Quand ce ne sont pas de pures considérations touristico-journalistiques. Au printemps 2005, François Pinault renonçait à installer sa fondation d'art contemporain sur l'île Seguin, à Boulogne-Billancourt. À quelques exceptions près, les journalistes prirent pour argent comptant ses explications qui visaient l'impéritie de l'administration française. Quelque temps plus tard, leur manque de curiosité fut récompensé par un somptueux week-end « découverte » à Venise. Beaucoup figuraient parmi les quatre cents faiseurs d'opinion conviés à fêter l'inauguration de la fondation. Celle-ci donna lieu à une nouvelle salve de dithyrambes sur la merveilleuse collection Pinault exposée à Palazzo Grassi.

Ceux qui persistent à dénoncer passent pour des naïfs et de fieffés enquiquineurs. Quelques-uns profitent d'une corruption plus ou moins institutionnalisée. Pour l'essentiel, nous nous taisons.

---

[1]. Ce qui n'empêche pas la plupart d'entre eux d'insister dans leurs commentaires ou interviews sur le principe de non-cumul des mandats auquel devraient se tenir les hommes politiques.

Plus de médias, plus de journalistes, plus de pluralisme ? Nous avons aussi dû faire le deuil de cette illusion-là.

Le plus douloureux, en effet, a peut-être été la découverte du conformisme. En guise de pensée libre, le journaliste est tenté d'énoncer des évidences avec la certitude d'être transgressif. Au point d'émettre un ronronnement bienséant qu'il tente de faire passer pour un rugissement. D'où le sentiment répandu que tous disent la même chose au même moment.

Allons, cessez donc d'être bêtement passéistes. Vous pleurez le journalisme de papa parce que vous en êtes toujours au papier comme certains refusent de troquer leur machine à écrire pour le traitement de texte ou la télécopie pour le courrier électronique. Il faut vous y faire, vous êtes entrés dans l'ère de l'image et de l'instantané. Le bon vieux journal tout gris que regrettent les sexagénaires n'est pas adapté à la *fast-info* qu'affectionnent les jeunes – et les annonceurs. « Aujourd'hui, les minutes sont plus précieuses que les heures », clame la publicité, décidément très instructive, du quotidien *20 Minutes*. Le lecteur-consommateur n'est pas plus décidé à sortir un traître centime d'euro de sa poche pour acheter un journal qu'il ne consent à sacrifier plus de vingt minutes à le lire. En revanche, il supporte volontiers les placards publicitaires qui sont le prix de la « gratuité » qu'on lui a si généreusement concédée[1]. Il est vrai que la presse payante, qui a longtemps tiré plus

---

1. Voir sur le sujet l'article de Régis Soubrouillard dans *Le Débat* (« Gratuits : le prix à payer », n° 139, mars-avril 2006).

de 50 % de ses recettes de la publicité, l'a accoutumé depuis longtemps à rendre son cerveau disponible aux annonceurs.

Nous avons oublié le plaisir de *lire le journal*. Le moment et le lieu sont importants. On prend ses aises dans un fauteuil, à la terrasse d'un café, comme s'il fallait se retrancher du monde pour mieux le ressentir. On n'est pas pressé, on prend le temps de tourner les pages, de se laisser étonner par une information ou un titre. Le plaisir de la lecture peut s'installer. Il prend des formes diverses. L'analyse brillante d'un événement récent, qui donne l'impression de devenir plus intelligent. Un reportage qui fait frissonner. Une métaphore inattendue, un billet qui fait rire.

Le ravissement du lecteur de journal s'évanouit doucement – et pas seulement parce que, dans la vraie vie, il doit souvent avaler son quotidien serré dans un wagon de métro, un train de banlieue ou au comptoir d'un bistrot, pendant les quelques minutes volées juste avant d'arriver au bureau. Oui, la disparition de la magie du journal est l'une des sources de notre livre. Alors que le sentiment d'un âge d'or révolu s'est imposé, la dernière ambition des journalistes *à l'ancienne* (et souvent des autres) est de faire revivre furtivement, comme une exception passée en contrebande, un reportage ou un article qui ressemble à ce qu'ils ont connu par le passé. Et sans doute que, dans une rue voisine, un lecteur nostalgique du *Monde* ou de *Libération* se rend au kiosque, espérant, le plus souvent en vain, retrouver dans les pages de son journal un peu des joies qu'il lui procurait naguère.

Ce sentiment n'est pas plaisant, pour le journaliste comme pour le lecteur. Chacun aime rester du côté de la vie et de l'espoir. On balaie sa propre nostalgie si vite interprétée comme un symptôme du vieillissement. Surtout, ne pas perdre pied, vivre avec son temps. Adaptez-vous ! On s'y emploie.

Au demeurant, cette évolution est-elle si détestable ? Les quelque cinq millions de lecteurs de quotidiens gratuits ne sont-ils pas des miracles, grives bienvenues pour remplacer les merles manquants ? La gratuité est-elle en soi une mauvaise manière ? Après tout, l'on ne saurait prétendre qu'elle a pollué l'information à la radio, à laquelle on attribue généralement un label de qualité. D'ailleurs, les quotidiens classiques sont amenés à se rapprocher des gratuits. À *Libération*, à *France Soir* et à *L'Humanité*, les rédactions maigrissent pour cause d'érosion des ventes et des recettes publicitaires, lesquelles ont chuté de 20 à 30 % en quelques années. Au *Monde* et à *Ouest France*, le bras du bourreau est provisoirement arrêté. Mais ces deux groupes de presse participent à la création de quotidiens gratuits destinés, semble-t-il, à éponger les pertes, présentes ou prévisibles, de leurs vaisseaux amiraux[1].

Adaptez-vous : leurs dirigeants ont parfaitement reçu le message. Dans toutes les rédactions, de doctes *marketers* – ou *designers*, c'est selon – professent l'impérieuse nécessité de « faire plus court ». À l'image des chères têtes blondes des années 1960, un bon article est « bien dégagé derrière les oreilles ».

---

1. Le constat vaut sans doute plus pour *Le Monde*, dont l'exercice est structurellement déficitaire, que pour le quotidien du grand Ouest, mieux géré.

En somme, tout semble se mettre en place pour que, à la fin des fins, on ne puisse plus facilement distinguer un « gratuit » d'un « payant », de sorte qu'un « payant » sera de moins en moins fondé à l'être. Comme pour accélérer cette évolution, les payants qui en ont les moyens, à l'exemple du quotidien espagnol *El País*, offrent à vil prix DVD, livres d'art ou encyclopédies, comme si les éditeurs de presse avouaient eux-mêmes que leur métier de base, l'information, ne valait plus tripette.

Partout, le même slogan semble s'être imposé à tous : le journalisme est mort, vive le journalisme ! Il nous faut découvrir l'essence de ce métier rénové.

De quoi est constitué un quotidien comme *Métro* ou *20 Minutes* ? Comme un certain nombre de sites dits d'information, d'une très forte proportion, de dépêches d'agences plus ou moins réécrites. Seule une bonne dose d'ivresse publicitaire peut laisser croire que le métier désuet de coupeur de dépêches[1] représente l'avenir de l'homme...

Si les quotidiens, pris en tenaille entre Internet et la presse gratuite, vivent des temps difficiles, les patrons d'hebdomadaires, en managers efficaces, ont choisi d'anticiper le monde nouveau avant que la vague de la grande mutation ne les emporte. En général, les dinosaures se cachent pour prendre une pré-retraite confortable, leur discrétion étant récompensée par un certain nombre de zéros sur le chèque.

---

1. Au début des années 1980 subsistait encore dans les quotidiens la fonction qui consistait recueillir et à découper les dépêches de l'AFP ou de Reuters, à les classer selon les domaines, et à les communiquer aux chefs de service concernés.

Le directeur de *L'Express*, Denis Jeambar, a été remplacé à l'automne 2006 par un jeune ambitieux dont il avait lancé la carrière et dont la stratégie pour promouvoir son journal paraît en partie reposer sur sa propre pipolisation. Autre temple, *Le Nouvel Observateur*. En 2004, son avisé patron, Claude Perdriel, a constaté que la presse magazine ne retrouverait jamais les 30 % de recettes publicitaires perdus au début du XXIe siècle. On aurait pu penser que le premier hebdomadaire français allait lutter contre l'érosion de son lectorat en brandissant les armes de l'écrit, l'enquête et le reportage, ou en renforçant l'identité de gauche de son journal. Que nenni ! Manifestement, Perdriel a opté pour une tout autre stratégie consistant à transformer l'*Obs* en groupe multimédia. Et peut-être a-t-il raison de son point de vue de chef d'entreprise.

« Tous journalistes ! » Un piège redoutable se referme sur une corporation qui n'a rien vu venir. Car il ne s'est pas trouvé grand-monde pour contester ce joyeux cri du cœur de la modernité. C'est ici, cher lecteur, qu'il nous faut confesser le doute qui nous ronge : et si le rayonnement du journalisme était inversement proportionnel au nombre de cartes de presse ? Peut-être que plus il y a de journalistes, moins il y a de journalisme. Nous essaierons d'explorer cette piste.

Voici quelques années, exaspérés par les outrances et les abus de pouvoir manifestes des médias, nous avons pensé qu'il fallait faire du journalisme sur le journalisme afin de dévoiler les ressorts intimes de ce que, par provocation, nous avons appelé le « premier pouvoir[1] ». Nous avons estimé, l'un et l'autre, au travers d'expériences parfois communes, le plus souvent distinctes, que le journalisme, devenu une puissance dans notre société, ne devait pas échapper à l'inventaire de ses contradictions, quitte à trahir quelques secrets de famille. Nous avons donc participé à ce drôle de jeu, parfois risqué, que l'on appelle, faute de mieux, *la critique des médias*. Nous l'avons pratiqué « de l'intérieur » ou à la lisière, ce qui n'est pas forcément la meilleure position pour évaluer le métier. Après quelques années de cette guérilla aussi sympathique qu'épuisante, une pause est nécessaire. Un bilan d'étape qui nous paraît indispensable.

Au terme de cette évocation rapide de ce que nous vivons parfois comme une descente aux enfers et qui est sans doute une révolution, on peut évoquer deux films symboliques du changement d'époque. En 1976, *Les Hommes du Président*[2] célèbre la saga héroïque du Watergate dans laquelle deux « petits reporters » (comme on parle déjà de « petits juges ») avaient jeté à bas le symbole même du pouvoir, le président des États-Unis d'Amérique. Porteur d'une foi naïve dans la vérité des faits, le film ferait rire bien des journalistes si beaucoup n'avaient pas perdu tout humour. Trente-trois ans plus tard,

---

1. « Le Premier Pouvoir » était le nom de l'émission sur les médias produite par Élisabeth Lévy pour France Culture, de septembre 2004 à juillet 2006. Philippe Cohen a participé, en temps que chroniqueur, à un certain nombre d'émissions.
2. Film d'Alan J. Pakula sorti en 1976, adaptation du livre éponyme de Carl Bernstein et Bob Woodward (avec Dustin Hoffman et Robert Redford dans les rôles principaux) sur l'affaire du Watergate.

Les Oubliées de Juarez[1] décrit en somme la guerre perdue du journalisme. Une journaliste enquête sur les disparitions d'ouvrières mexicaines employées par une multinationale américaine, sous la pression de l'actionnaire du quotidien, son enquête est enterrée. La journaliste accepte de se taire et obtient la promotion à laquelle elle aspirait depuis des années. Le désenchantement du métier est devenu un lieu commun, même à Hollywood. Le quotidien du journaliste ordinaire, qui n'a pas très souvent de tels cas de conscience à se mettre sous la dent, est encore moins glorieux. Bienvenue dans le monde des médias du XXIe siècle.

---

1. Film de Gregory Nava sorti en 2007 sur les disparitions de jeunes femmes dont les corps sont retrouvées dans le désert, aux portes de Juarez, ville mexicaine située à la frontière avec les États-Unis. Jennifer Lopez interprète la journaliste américaine qui enquête sur ces assassinats.

Alger, décembre 1991

Des centaines de journalistes – dont un grand nombre de Français – sont venus couvrir les législatives présentées comme les premières élections libres de l'Algérie indépendante. Le multipartisme instauré dans la foulée de la sanglante répression des émeutes d'octobre 1988 avait bien été expérimenté lors du scrutin municipal de juin 1990. Mais c'est le FIS, fraîchement légalisé, qui en avait profité pour conquérir plus de la moitié des mairies. Du coup, tout le monde préfère oublier l'épisode, comme on veut oublier que la démocratie ne sélectionne pas forcément des dirigeants considérés comme démocrates par le citoyen occidental. On ne va pas gâcher la fête en se prenant la tête.

La kyrielle de partis « démocrates » nouvellement implantés enchante les médias. Or, le FIS remporte les élections, et cette victoire consterne tant les médias qu'ils mettent toute leur énergie à n'y rien comprendre. Les Algériens, célébrés la veille comme un grand peuple libre, deviennent soudain, au lendemain du scrutin, de farouches obscurantistes, inaptes à la démocratie. Toute la presse française se rue sur l'héroïne de la liberté, la seule femme encore en lice pour le second tour sous la bannière du FFS, le Front des forces socialistes d'Hocine Aït-Ahmed. Fatima Kartout a les honneurs de TF1, la

« une » de Paris Match. *Pigiste pour un quotidien suisse, je propose mes services à* L'Événement du jeudi, *qui me commande un portrait de la dame.*

Heureuse de travailler pour un grand hebdomadaire, j'imagine de traiter les résultats avec un angle un peu original. Après de longues négociations, je parviens à convaincre une autre femme, épouse du candidat du FIS à Alger centre, de témoigner. Je ne suis pas peu fière de mon idée : non seulement elle porte le même prénom, mais elle exerce, comme la première, la profession de médecin. Convaincue que mon initiative me vaudra les félicitations de rédacteurs en chef inconnus, je rédige un portrait croisé des deux, qui me semble illustrer parfaitement les deux Algérie. À la réception du papier, c'est la douche froide : « Cette autre Algérie ne m'intéresse pas du tout », me dit sèchement la responsable des pages « étranger ». « Mais elle vient de remporter les élections, insisté-je, sidérée. – Elle ne m'intéresse pas, point. Je ne passerai pas ce papier. » Le réel ne passera pas.

En quelques secondes, je comprends que l'on attend de moi le même article que celui qu'ont écrit tous les autres. Indignation et compassion pour ces démocrates qui, certes, ne constituent qu'une minorité – privilégiée –, mais qui ont le bon goût de nous ressembler. Qu'on ne se méprenne pas : je préférerais, moi aussi, que les Algériennes se promènent en minijupe plutôt que coiffées du hidjab, *que les islamistes soient minoritaires ou inexistants. Impossible d'inventer une Algérie qui n'existe pas. D'ailleurs, celle que j'ai sous les yeux m'intéresse. Pourquoi ces jeunes qui n'aspirent qu'à vivre une vie qu'ils qualifient de « normale » ont-ils élu ces barbus ? Pourquoi ces ingénieurs et ces professeurs de mathématiques pensent-ils que l'islam est la solution ? Pourquoi ces millions de femmes consentent-elles à ce que nous ressentons, de l'autre côté de la Méditerranée, comme un avilissement ? Je voudrais comprendre.*

À Paris, on ne veut surtout pas comprendre. On a déjà le titre de l'article qu'on m'a commandé, je n'ai qu'à m'y adapter. Tous les ingrédients de la réécriture de l'actualité sous la forme du récit de l'affrontement entre le bien et le mal, entre les forces de la lumière et celles des ténèbres, sont prêts. Et peu importe que les militaires algériens ne constituent pas des « bons » très convaincants. Lorsqu'ils mettront un terme à cette mauvaise comédie, interrompant les élections et arrêtant des milliers de citoyens dont le seul tort a été de voter pour un parti légal, les journalistes, à de rares exceptions près, applaudiront. Il sera toujours temps, une dizaine d'années après cet épisode, de dénoncer les tortures et les manipulations. « Je me suis trompé de pays », avait déclaré alors Saïd Sadi, le patron du Rassemblement pour la culture et la démocratie, chouchou des médias français au lendemain du scrutin. S'il s'est trompé, nous avons dû nous tromper aussi. Fermez le ban.

Autoritarisme borné, conformisme, déni du réel, manichéisme : tout ce qui, au fil des ans, me conduira à être de plus en plus critique sur la profession apparaît dans ce sombre épisode. Mon scepticisme quant au désir et à la capacité des militaires de ramener la paix civile me vaudra, des années durant, d'être taxée de suppôt de l'islamisme. Me voilà déniaisée : le journaliste est prié de choisir son camp. Contre le réel s'il le faut.

É. L.

Amsterdam, septembre-octobre 1997

C'était juste après la victoire des socialistes en 1997. Lionel Jospin étrennait à Amsterdam ses habits de Premier ministre. Du côté de Marianne, *l'hebdomadaire que venait de fonder Jean-François Kahn avec une poignée de journalistes dont je faisais partie, l'arrivée de la gauche au pouvoir suscitait l'inquiétude légitime qu'elle génère dans les journaux de gauche : la peur de ne pas être assez critique ou, au contraire, de l'être trop et de se retrouver à jeter de l'huile sur le feu avec la droite. Bref, alors que le journal avait pour ligne de boycotter les événements institutionnels, j'étais dépêché à Amsterdam, où devait être adopté un traité européen, à propos duquel le chef des socialistes en campagne avait proféré ce jugement définitif : il était « absurde ». Logiquement, le lendemain de l'ouverture de la conférence, le ministre délégué aux Affaires européennes, Pierre Moscovici, avait déclaré à propos de la future monnaie unique : « Il faudra voir quelle est la situation de nos finances publiques, et c'est en regard de cette situation que nous déciderons, ou pas, de passer à l'euro. » Deux heures plus tard, je me trouvais aux abords de la salle de presse, où un véritable bataillon de journalistes, micros et calepins en main, poursuivait Manuel Valls, le porte-parole du gouvernement. Fort excités, ces journalistes partageaient tous la même conviction : si le Premier ministre ne condamnait pas, le plus vite possible, les propos de Moscovici, une tempête balaierait les marchés. Certains reporters, portant les couleurs de l'agence Bloomberg[1] ou de Reuters, affirmaient même que Jospin devait limoger son ministre, suspect d'« euroscepticisme », pour « rassurer les marchés ». Livide, éprouvant les pires difficultés pour se frayer un chemin devant la forêt de micros tendus vers lui, tenaillé par un sentiment d'étouffement, Manuel Valls finit pas lâcher qu'un ministre « ne saurait s'exprimer comme un secrétaire national du PS ». Il offrait ainsi la digne conclusion d'un pitoyable spectacle : des journalistes sautant avec la fougue de cabris que l'on aurait aiguillonnés dans le postérieur en hurlant « Matignon désavoue ! ». Et Matignon désavoua. Un bonheur – à la réflexion, très étonnant – se lisait sur les visages fatigués de ces reporters tirés à quatre épingles, comme on les rencontre dans les sommets internationaux. Étais-je donc le seul, dans ce « pool » de journalistes, à penser un tout petit peu différemment, à comprendre les réserves d'un Moscovici fort européiste, mais en même temps conscient que son gouvernement venait d'être porté au pouvoir pour sa critique de l'eurobéatitude qu'incarnait, à tort ou à raison, Alain Juppé ? Étais-je donc l'unique journaliste présent à penser que les impératifs des « marchés », c'est-à-dire la vision du monde et les élucubrations de quelques dizaines de trentenaires soucieux de se copier entre eux, pouvaient se discuter ou même se contester ? Même mon passé trotskiste, qui m'avait accoutumé au plaisir d'être minoritaire, ne m'empêcha point, ce jour-là, de sombrer dans un profond pessimisme. J'étais loin d'en avoir alors pleinement conscience, mais une vérité s'imposa à moi : la multiplicité des médias, la diversité de leur nature (presse, radio, TV, Internet – déjà) et de*

---

1. Agence d'informations financières anglo-saxonne.

leur origine ne représentaient aucune garantie quant à ce bien commun qu'on appelle le pluralisme. Des centaines, des milliers même de journalistes pouvaient interpréter de la même façon l'événement qui se déroulait sous leurs yeux et qui, par cette onction suprême, devenait alors ce qu'on appelle, dans notre jargon, un « fait ». « Facts, only facts », martelaient les journalistes américains. Mais un fait est, la plupart du temps, une construction humaine sujette à caution.

Trois ans plus tard, à la conférence de l'Union européenne de Nice, la couverture médiatique avait fait des pas de géant : la disposition de l'immense salle réservée aux journalistes venus du monde entier au palais des congrès disait l'uniformisation de la couverture médiatique, parfaitement incarnée par l'alignement géométrique, sur une surface équivalente à celle d'un stade de football, de centaines d'ordinateurs. La lecture de la presse internationale au lendemain de la signature du traité, sans aucune note discordante, employant mille fois les mêmes mots, les mêmes expressions consacrées des technocrates qui se sont habilement substitués aux diplomates – sans avoir appris d'eux les subtilités de leur langage –, me rappelait utilement la vacuité du métier de reporter en ce genre d'événement. Son seul intérêt réside justement dans la description de l'unanimisme et du conformisme du comportement de mes confrères. Plus de médias, plus de journalistes... jusqu'à l'engloutissement du pluralisme !

Ph. C.

Partie I
Figures du journalisme

1

Le journalisme politique : on colle ou on cogne

Patrick Poivre d'Arvor n'a jamais affiché un bonheur insolent à l'écran. Là réside peut-être l'un des secrets de sa longévité : ses successeurs putatifs et ses concurrent(e)s nous infligent des sourires en banane peuplés de dents blanches rangées comme des soldats de l'armée anglaise. Ils ont l'air si heureux d'officier, leur joie factice et leur énergie débordante sont censées être contagieuses. Rien de tel chez PPDA. Ses sourires sont rares, et la sincérité semble en être le carburant. Mais, lors de la première émission de TF1 « J'ai une question à vous poser », le 5 février 2007, le visage de PPDA était éclairé d'une singulière tristesse.

Sa mine était de circonstance : on ne se réjouit pas à un enterrement. En passant le micro à chacun des « cent Français choisis par les panélistes », PPDA devait se dire qu'il vivait en direct la mort du journalisme politique. Pas une fois au cours des deux heures et demie de l'émission, le journaliste qu'il espérait être encore n'a pu placer une remarque, perfide ou gentille. Pas une fois il n'a pu relever une imprécision ou même une énormité proférée par le candidat. PPDA est un grand professionnel. Dans l'univers des médias, être un grand professionnel consiste d'abord à respecter les consignes. Celle du jour est claire : désormais, le « téléspectateur-citoyen » se substitue au journaliste-médiateur. Dont le rôle devient résiduel sur la scène télévisuelle et, souvent, dans la presse : les grands rendez-vous politiques du *Parisien-Aujourd'hui en France* ne sont-ils pas, eux aussi, des rencontres avec une vingtaine de lecteurs au cours desquelles les journalistes politiques se contentent de passer la parole et d'enregistrer les propos des uns et des autres ?

Le journaliste politique doit non seulement afficher une humilité de bon aloi, mais aussi endurer l'humiliation de son rabaissement avec le sourire. Le spectacle politique lui a réservé une terrible revanche : il était un fabricant d'opinion, un faiseur de rois ; il n'est plus grand-chose, sinon un élément du décor, le rappel, peut-être, d'un faste passé attaché à son statut d'antan. Voilà la lente chute qu'il nous faut tenter de raconter.

Cette interprétation fera sourire. Allons donc, le journaliste politique porte encore beau ! Tous les médias sont dotés d'un service politique de taille respectable, dont les membres sont encore gonflés de ce qu'ils croient être leur importance. La multiplication des radios et des chaînes d'information, les chroniques quotidiennes et hebdomadaires, la prolifération des bavardages collectifs (« On refait le monde » sur RTL, « Ça se discute » sur i>Télé, etc.), si souvent « squattés » par les journalistes au milieu de quelques experts ou de membres de la « société civile », et des face-à-face radiophoniques ou télévisuels (le duo Joffrin-Beytout sur France Info, le « Grand Jury » RTL-*Le Parisien-Aujourd'hui en France*, le « Franc-parler » sur i>Télé et France Inter, etc.), tout ceci ne donne guère l'impression d'un pouvoir en voie de disparition. Sans compter le reste, tintamarre assourdissant qui occupe la vie publique : les livres-scoops, les couples unissant hommes politiques et femmes journalistes – tribut logique de la féminisation des rédactions ? –, la vie privée des stars du métier rapportée dans la presse *people*, et le supplément de carrière que trouvent souvent dans les palais de la République les journalistes politiques les plus talentueux ou les plus dociles – Thierry Pfister ou Émile Favard hier, Catherine Pégard, Georges-Marc Benamou ou Myriam Lévy aujourd'hui[1].

Il faut pourtant se rendre à l'évidence : le métier a laissé sur les bas-côtés ceux qui manifestaient une vraie passion pour l'intérêt général et la chose publique. La direction du *Figaro* confie plus volontiers une chronique sportive qu'une analyse pointue du fait du jour à Éric Zemmour, sans doute l'un des

---

[1]. Le premier intégra le cabinet du Premier ministre Pierre Mauroy en 1981, le second, journaliste aux *Échos*, celui de Jean Auroux, ministre du Travail du même gouvernement. Catherine Pégard et Georges-Marc Benamou travaillent depuis mai 2007 pour Nicolas Sarkozy à l'Élysée, et Myriam Lévy pour le Premier ministre François Fillon.

regards les plus percutants et les plus indépendants sur la vie politique française, qui officia au *Quotidien de Paris*, puis à *InfoMatin* et à *L'Express*, avant de rejoindre *Le Figaro* vers la fin des années 1990. Il s'en est fait une raison, partageant désormais son temps entre ses saillies chez Laurent Ruquier, ses passes d'armes sur i>Télé avec Nicolas Domenach ou Christophe Barbier, et l'écriture de livres, activité à laquelle il reste attaché. *Libération* a écarté l'un de nos plus fins connaisseurs de la gauche, Éric Dupin, qui continue à penser tout haut sur son blog, entre deux périodes électorales où on lui concède une chronique (aux *Échos* ou au *Figaro*). Formé au *Monde* d'avant où il travailla jusque dans les années 1990, toujours jaloux de son indépendance, Daniel Carton ne s'exprime plus que dans des livres, qui oscillent entre révolte et nostalgie. Et encore cette liberté-là lui est-elle contestée... par des journalistes sans doute excédées d'être comparées aux sœurs Brontë[1]. Alain Duhamel résiste toujours avec ses chroniques à RTL, dans *Libération* et dans plusieurs quotidiens régionaux. Alors qu'il était régulièrement sollicité par les grands médias (France 2, Europe 1, etc.), voici peu – et ce, depuis les années 1960 –, l'outing de sa sympathie pour François Bayrou devant des étudiants de Sciences-Po lui a valu d'être mis à l'écart par les directeurs de RTL et de France Télévision durant la campagne électorale.

---

1. Daniel Carton brocarde trois journalistes en vue ayant suivi la campagne de Ségolène Royal et dont l'engouement et l'esprit ségoliste lui ont rappelé la solidarité compacte des trois sœurs écrivains. La comparaison fait l'objet d'un procès qui n'était pas encore plaidé au moment où ce livre était mis sous presse.

Dans l'ambiance « pipolisée » qui s'est peu à peu imposée, le discours cartésien donne à cet extrémiste de la modération un air presque révolutionnaire, ce qui est un comble s'agissant de l'homme qui porta si longtemps les couleurs du conformisme tricolore. On a bien ri de son oubli de Ségolène Royal dans son livre pré-électoral[1] paru en janvier 2006, sans voir que sa bévue traduisait davantage la vacuité de l'univers solférinien qu'un choix partisan. Il se vengera bientôt dans un nouvel ouvrage[2] dont on se dit qu'il sera l'une de ses dernières cartouches.

Place aux jeunes, donc ? En réalité, ce n'est pas une affaire d'âge. Ceux que nous avons cités, et d'autres que nous avons omis de mentionner, mais qui restent attachés à une certaine idée du journalisme – le journalisme d'idées, justement –, ne sont pas tous des anciens.

Comment en est-on arrivé là ? Les plus capés de nos journalistes politiques font partie de la génération de 1968. Pour eux, le journalisme était souvent une façon de prolonger l'engagement de leur jeunesse[3]. Si la gauche avait gagné les élections législatives de 1978, Éric Dupin, jeune « sciences-potard », aurait passé le concours de l'ENA pour se mettre au service du Parti socialiste, auquel il avait adhéré. Le journalisme lui offrit une base de repli. Après l'échec de l'union de la gauche, il se tourne « naturellement » vers la presse. Embauché par *Libération*, il prend soin de ne pas écrire sur le Parti socialiste pour éviter tout conflit d'intérêts. On lui attribue le

---

1. Alain Duhamel, *Les Prétendants 2007*, Plon, 2006.
2. À paraître à l'automne 2008.
3. Voir partie II, « Après le communisme, le journalisme », p. 117.

Parti communiste, qui, à l'époque, boycotte un quotidien que la direction considère comme l'organe dominant du gauchisme, l'ennemi central depuis Mai 68. Dupin se fait tout petit pour pénétrer les arcanes du communisme déclinant et devient assez vite, à force de lectures et de discussions tardives, un éminent « fabienologue[1] ». Quelques années plus tard, il est chargé de suivre un Parti socialiste dans lequel il n'est plus engagé.

Pour Dupin, le modèle de référence était celui du *Monde*. Dans les années 1980, cette matrice s'éroda. La politique fut décrétée « emmerdante », coupée de la « vraie vie ». Dans les rédactions, les faits de société et le journalisme d'investigation s'imposèrent comme les priorités du moment. Un beau jour, le « Duhamel du pauvre » que Dupin, ironiquement, se targuait d'être, fut jugé moins indispensable, voire *has been* dans le quotidien de toutes les modes. L'analyse politique était supposée intéresser moins le lecteur que la « vraie vie » des politiques, les petites phrases assassines, les rumeurs de couloir, ou les éclats d'assemblées sans oublier les nouveaux « *looks* » de ceux qui nous gouvernent. La naissance d'un club de fumeurs de cigares sous le haut patronage d'André Santini ou le dernier tailleur d'Élisabeth Guigou étaient censés séduire un public revenu des idéologies. Pour l'analyse, un sondage faisait toujours l'affaire.

Éric Dupin fut aussi victime de la conversion de *Libération* au libéralisme. À la fin des années 1980,

---

1. Construit par mimétisme sur le terme « kreminologue », le mot désigne les spécialistes du PCF dont le siège est place du Colonel Fabien, à Paris.

à *Libé* comme ailleurs, on se passionnait davantage pour les nouveaux hussards libéraux de la droite, les François Léotard, Gérard Longuet et Michel Noir qui prétendaient envoyer Chirac et Giscard au tapis, que pour les supposés derniers feux du coucher de soleil mitterrandien.

Avec ces « rénovateurs » est apparue dans les rédactions une autre façon de traiter la politique. Nicolas Domenach, aujourd'hui à *Marianne* et à i>Télé, a « éclaté » durant cette période. Il était un enfant de 68, adepte de la contestation sociétale. L'après-68 le vit se passionner pour le combat des homosexuels et le théâtre de rue. Fils de l'un des penseurs les plus doués et les plus intègres de l'après-guerre qui avait été le fondateur et l'animateur de la fameuse revue *Esprit*, Nicolas Domenach avait logiquement pris un chemin de traverse. En entrant au *Matin de Paris* au début des années 1980, le quotidien de la gauche, il espérait raconter les luttes, comme l'on disait dans l'après-Mai-68. C'était un « basiste » forcené qui détestait la politique politicienne. « Mauvaise » pioche : la rédaction en chef lui confia le suivi de la droite. Il voulait écrire pour changer le monde. Voilà qu'il devait côtoyer ceux auxquels revenait, en principe, la mission de le conserver tel qu'il était. Encore que... La vraie révolution qui s'annonçait, la révolution libérale, était bien portée par ses interlocuteurs du moment, la « bande à Léotard ». Avec les journalistes, les « modernes » adoptaient un ton nouveau. Le tutoiement était de rigueur. Certains d'entre eux invitaient à des week-ends en bateau, autant d'aubaines pour enclencher la machine à confidences. Mais Domenach restait de gauche. Il lui fallut trouver une solution pour concilier son métier et ses convictions : ce fut l'échappée romanesque. « Romanesque » : cela fut le mot des années 1980. François Mitterrand intéressait moins par son action que par le roman de son existence. Domenach plongea avec plaisir dans ce nouvel exercice de style : le journalisme politique devenait shakespearien. Pour raconter la politique et maintenir l'intérêt du lecteur, il fallait avant tout du souffle, de l'épopée, de la grandeur et de la décadence. L'inspiration devait venir d'Alexandre Dumas ou de Stefan Zweig pour enluminer une factualité souvent banale. Plus la politique manifestait son impuissance devant la montée de l'économie, plus la vie des hommes politiques devenait le vrai sujet dans les rédactions. Le combat collectif disparu, seul restait le destin des hommes, dont il fallait faire des héros, positifs ou négatifs, quelle que fût leur étoffe. Pour Domenach, l'idéal journalistique se confondait avec le talent, il est vrai remarquable, d'un Paul Guilbert[1], capable d'inventer un Chirac en butte à ces bourgeois qu'il détestait depuis l'enfance. Domenach et son ami Maurice Szafran — à l'époque journaliste comme lui à *L'Événement du jeudi*, aujourd'hui P-DG de *Marianne* — écrivirent donc dans l'exaltation qui convenait à l'époque le « vrai roman » de Chirac[2], tandis que Serge July[3], Franz-Olivier Giesbert[4] et d'autres « fictionnaient » les états d'âme de Mitterrand.

---
1. Journaliste au *Figaro,* excellent connaisseur de la droite et proche des milieux chiraquiens, Paul Guilbert est décédé en juillet 2002.
2. *Le Roman d'un Président*, Plon, trois tomes 1997, 2000, et 2003.
3. *Les Années Mitterrand*, Grasset, 1986.
4. *François Mitterrand, une vie*, Le Seuil, 1996.

Ces bardes de la geste politique, ces explorateurs de l'âme des ministres et des députés, regardèrent à leur tour passer le nouveau petit train du journalisme politique dans lequel, subrepticement, les animateurs avaient pris le pouvoir. Un autre regard, un autre ton surtout. Délivrés de toute révérence, certes, mais aussi de tout sens politique, les Karl Zéro, Thierry Ardisson, Guy Birenbaum et autre John Paul Lepers portaient leur rebellitude en bandoulière. Pour eux, nul besoin de connaître le monde des idées, l'histoire des partis ni même les itinéraires de nos hommes et femmes politiques pour les interpeller. L'idéal était au contraire de leur poser les questions de madame Michu, la ménagère de moins de cinquante ans (ou plutôt de monsieur Bidochon), avec un ton potache qui n'était qu'un déprimant simulacre de ce qu'avait été, trente ans auparavant, l'« esprit de Mai ». Le journalisme politique prit le parti d'une grossière impertinence, accessible à tous – surtout aux jeunes – et rigolarde. Il s'agissait de transformer les émissions politiques en farces, le plus souvent organisées aux dépens de ceux qui restaient tout de même des élus du peuple.

Le drame est que les hommes politiques ont marché. Ils se sont même précipités sur les plateaux, acceptant de répondre aux questions les plus incongrues. Le 31 mars 2001, alors que Michel Rocard est l'invité de « Tout le monde en parle », émission animée par Thierry Ardisson sur France 2, la subordination du politique au médiatique est symboliquement consommée. « Est-ce que sucer, c'est tromper ? » demande l'animateur. Le plus navrant est que l'ancien Premier ministre accepte de répondre, bredouillant un vague « Mais non, qu'allez-vous chercher là ? ». On peut se demander pourquoi il n'a pas plutôt quitté le plateau, ce qui lui aurait sans doute valu la sympathie de bon nombre de téléspectateurs. Mais voilà, dès lors que l'audimat est au rendez-vous, un tel crime de lèse-télé semble impensable. « Tout le monde en parle » était l'une des rares émissions à forte audience qui permettait de diffuser quelques idées, fût-ce entre deux fous rires et entre deux blondes, et, accessoirement, elle était réputée pour ses effets miraculeux sur la vente des livres. Aussi les éditeurs encourageaient-ils vivement leurs auteurs à s'y rendre.

Dans ce cadre d'où tous les rudiments du métier avaient disparu, tous les coups étaient permis, même ceux qui relevaient du « journalisme d'invention ». À l'issue d'un voyage épuisant sur le Net, Guy Birenbaum crut bon de nous révéler l'existence d'un fils caché japonais de Jacques Chirac[1]. Non content d'avoir offert une tribune efficace à Thierry Meyssan, Ardisson laissa parler dans son émission un ancien taulard – auteur de la maison d'édition du même Birenbaum, Privé – qui expliqua devant un parterre ravi que les partis politiques finançaient leurs activités en attaquant des banques... avec la complicité des banquiers. Karl Zéro monnaya le témoignage d'une prostituée dénonçant les étranges pratiques sexuelles des notables toulousains, dans le cadre de l'affaire Alègre-Baudis[2]. Les déboires de l'animateur ne l'ont pas rendu plus regardant. Pour promouvoir sa nouvelle émission sur la chaîne 13ᵉ Rue, il a « ré-

---

1. *Nos délits d'initiés, mes soupçons de citoyen*, Stock, 2003.
2. *Cf.* chapitre 3, pp. 82-85.

vélé » en septembre 2007 que le président de la République était favorable au rétablissement de la peine de mort pour les pédophiles avérés.

Ces tristes amuseurs publics ont dû, au cours de la période récente, céder la place à une nouvelle race de journalistes, pour lesquels la morale est devenue le prisme dominant, le paradigme terminal de la vie politique. Ils sont certes moins dangereux que leurs prédécesseurs, et la rumeur n'est pas leur tasse de thé. Ce sont des professionnels de la « tension de plateau » ou de l'investigation psycho-politique. Les interviews de Jean-Michel Apathie sur RTL sont une épreuve terrifiante pour les hommes et femmes politiques. Jouant volontiers de sa voix de ténor à l'accent « authentique » du Sud-Ouest, le journaliste vedette de RTL affiche son impertinence en cherchant chaque matin à « coincer » son interlocuteur. Peu lui chaut que les politiques aient des états d'âme, de même que les enjeux réels, économiques et sociaux de l'action menée et ses contraintes lui indiffèrent. Balzac, ce n'est pas son rayon. Et Machiavel, non plus. Ce qui compte est de redémontrer chaque matin son « indépendance ». Le narcissisme le dispute au corporatisme. Apathie se prétend au-dessus des idéologies. Pourtant, une écoute attentive de ses « matinales » permet de recenser les présupposés qui sous-tendent ses questions, bouffies de bonne conscience et de conformisme, sur le fonctionnement de l'économie et de la société. Cependant on ne trouvera guère de critiques de Jean-Michel Apathie[1] : ce dernier est désormais intou-

---

[1]. Voir le site de la gauche radicale Acrimed, lui-même empreint d'une idéologie bien repérable. www.acrimed.org

chable. Parce qu'il réalise la meilleure audience radiophonique du « 7-9 », comme on dit dans le jargon médiatique, et parce que le journalisme moralisateur a tout l'air d'un progrès en ce qu'il permet à celui qui le pratique de s'absoudre de toute connivence. Écoutez comme je suis intègre. Jean-Pierre Elkabbach a trahi à plusieurs reprises son engagement sarkozyste. Apathie, lui, fait figure de redresseur de torts déterminé à remettre notre classe politique, droite et gauche confondues, dans le droit chemin, à dévoiler ce qu'elle chercherait à cacher : il a fait vœu de transparence...

L'idéal vertuiste qui prévaut aujourd'hui brille d'autant plus qu'il coexiste avec un journalisme « embarqué[1] » devenu l'ordinaire des services politiques. À droite comme à gauche, au centre comme à l'extrême gauche, chez Le Pen comme chez Nihous, la dernière campagne présidentielle a permis de constituer autant de caravanes suiveuses que de candidats. Elle est fort bien décrite par Daniel Carton dans son livre *Une campagne off*[2]. On y découvre que l'empathie des journalistes est fortement corrélée au confort et à la sympathie avec les-

---

1. L'expression, traduction de l'anglais « *embedded* », est employée pour la première fois durant la campagne présidentielle de 2007 pour désigner les journalistes qui sont chargés par leur rédaction de couvrir un candidat et sont enregistrés comme tels par les états-majors des partis. Le terme nous vient des États-Unis : pour des raisons de sécurité, lors du déclenchement de la guerre d'Irak en 2003, les journalistes ont été « intégrés » dans l'armée américaine et étroitement contrôlés par elle (on leur assignait par exemple de prendre place dans telle unité, et leur liberté était strictement encadrée par un contrat) ; cela les rendait totalement dépendants d'un seul point de vue et d'une seule source dans la couverture du conflit.
2. Albin Michel, 2007.

quels ils sont accueillis lors des déplacements. La logique « suiveuse », qui devient vite suiviste, c'est-à-dire connivente, est humaine, évidente même puisqu'elle est articulée à deux phénomènes : la montée de la communication dans les appareils politiques et l'organisation des rédactions. Autrefois, le suivi d'un parti politique se faisait en « double commande », comme dans une voiture d'auto-école : d'un côté, le rubricard, spécialiste de l'organisation politique, de l'autre, le fin analyste. Le premier manifestait une grande mansuétude à l'endroit de ses interlocuteurs. Parfois, comme André Passeron au *Monde* dans les années 1970, on le soupçonnait même d'avoir la carte de « son » parti. C'était le prix à payer pour bénéficier d'informations privilégiées sur sa vie interne. On « doublait » son travail par une autre couverture, plus analytique. On avait Passeron d'un côté pour les petits secrets et, de l'autre, Viansson-Ponté pour le surplomb. Aujourd'hui, ce dispositif est obsolète, ou plutôt il a évolué. Les journalistes embarqués de Sarkozy ou de Royal sont considérés comme leurs ambassadeurs au sein des rédactions.

La nouveauté réside dans le fait que ce n'est plus la machine médiatique qui fait évoluer le jeu politique, mais l'homme politique qui utilise ses rouages à son profit. Pourquoi Bruno Jeudy du *Figaro* est-il convenu avec la romancière Yasmina Reza[1] qu'elle seule pourrait rapporter la gracieuse remarque de Nicolas Sarkozy : « Je suis quand même une source inépuisable pour vos articles de merde[2] » ? Pourquoi

---

1. *L'aube le soir ou la nuit*, Flammarion, 2007.
2. Il est à noter cependant que Philippe Ridet du *Monde* a, lui, raconté l'anecdote dans le quotidien.

tous les secrets de la campagne de Ségolène Royal, bien connus des deux journalistes du *Monde* Raphaëlle Bacqué et Ariane Chemin, qui n'étaient pas en charge du suivi de la candidate socialiste, n'ont-ils pu être racontés que dans un livre publié au lendemain de l'élection[1] ? Dans les rédactions, personne n'a le droit de « toucher » au candidat du journaliste embarqué, sauf les éditorialistes, qui, généralement, expédient leurs courts papiers en une heure, entre deux émissions de radio ou de télévision.

De tous nos hommes et femmes politiques, Nicolas Sarkozy est le seul à avoir poussé jusqu'au bout la logique du journalisme « embarqué » : il a attribué une place singulière, souvent privilégiée – disponibilité au téléphone, chambres d'hôtel les plus proches, attentions personnelles, etc. –, aux rédacteurs et aux reporters qui suivaient sa campagne, commencée deux ans avant l'échéance de mai 2007. L'actuel président tutoyait tous les participants de sa caravane. Il leur tapait sur l'épaule, multipliait les familiarités, s'inquiétait de leur vie familiale, etc[2]. Ce comportement ne correspond pas seulement à sa psychologie ou à sa volonté d'afficher une chaleur toute méditerranéenne...

Bien avant la campagne présidentielle de 2007, Nicolas Sarkozy avait théorisé et appliqué la priorité qu'il donne aux médias. Sa réflexion est simple : l'information des médias prend le dessus sur le discours politique dans la formation de l'opinion.

---

1. *La Femme fatale*, Albin Michel, 2007.
2. Et, quelques mois après son élection, il finissait par les présenter au pape éberlué.

Autrement dit, les électeurs se fient davantage aux médias qu'aux hommes politiques : la référence crée l'inférence, c'est-à-dire que ce qui est souligné par les médias devient un critère de jugement individuel[1] ; un homme politique doit donc en permanence créer une convergence entre le discours médiatique sur un sujet et sa propre intervention. Il doit être en phase avec l'agenda médiatique, voire contribuer à le dicter. Traduction de Nicolas Sarkozy : « Il y a vingt ans, on agissait puis on communiquait. Moi, je fais l'inverse. Le premier étage de l'action, c'est la communication. »

Tout découle de là : Sarkozy ne cherche plus à faire de la communication politique sur son action ou sur son programme comme les hommes politiques traditionnels, mais à être en symbiose avec les hommes et les femmes qui *font* les médias. Il initie une relation « professionnelle ». Il s'intéresse à la vie des médias et fait mine d'associer les journalistes qui le suivent à sa réflexion et à son action. Exemple : quand il « perd » le référendum corse le 6 juillet 2003, il passe la soirée à réfléchir tout haut à son échec avec les journalistes qui sont à son côté. Ceux-ci lui sont reconnaissants de sa franchise et, grandis de la confiance qu'on leur accorde, publient des articles « compréhensifs ».

Nicolas Sarkozy et son cabinet se sont fait une règle d'aider, davantage que les autres politiciens, les journalistes à « faire leurs papiers ». Il n'y a plus à proprement parler de communicants dans l'équipe

---

[1]. Voir sur ce sujet l'excellent ouvrage spécialisé des chercheurs Claire Artufel et Marlène Duroux, *Nicolas Sarkozy et la communication* (éditions Pepper, 2006).

Sarko : au ministère de l'Intérieur, puis à l'Élysée, le cabinet tout entier est en charge de la médiatisation du chef, ce qui conduit plusieurs conseillers à une médiatisation inédite dans l'histoire de la Ve République. Chaque semaine, l'équipe au grand complet fabrique le ou les « événements » de la semaine. Chaque jour, dans les moments de crise, le message destiné aux journalistes, finalisé par les hommes de cabinet, est décortiqué puis diffusé. C'est de cette façon que Sarkozy a « tué » Villepin. Alors que ce dernier gardait de la distance avec les journalistes, les hommes de Sarkozy les aidaient quotidiennement à faire leur travail sur les banlieues, le CPE ou encore l'affaire Clearstream en 2006. Profitant du silence de Villepin, Sarkozy leur fournissait les thèmes du jour.

Dans la logique de Nicolas Sarkozy, les vrais résultats ne sont pas constitués par le recul de la délinquance ou de l'immigration clandestine, mais par l'écho qu'obtiennent ses interventions publiques. Au lendemain de sa période activiste place Beauvau (marquée par des dizaines de déplacements), il réunit 5,8 millions de téléspectateurs sur France 2, lors de l'émission « 100 minutes pour convaincre ». En février 2007, il fanfaronne devant tous ses interlocuteurs : « Six millions, tu te rends compte, j'ai fait péter l'audimat. »

Autre particularité du dispositif, Sarkozy a aboli la distinction entre le *on* et le *off*, aussi ancienne que le journalisme lui-même. Il commente lui-même au jour le jour sa propre action et celle de ceux contre lesquels il ferraille. Il permet aux télévisions qu'il emmène en déplacement avec lui d'enregistrer en permanence des images et des déclarations – il joue littéralement devant la caméra, ce qui n'est pas dans la tradition. Lorsque, au cours de son voyage en Chine en janvier 2004, il déclare : « Comment peut-on être fasciné par ces combats de types obèses au chignon gominé ? », il sait bien que l'assertion, qui cible Chirac, va faire scandale. La saillie est, au contraire de la « gaffe » de Jospin sur l'âge de Chirac en 2002, parfaitement maîtrisée. L'objectif du candidat Sarkozy est de devenir le premier opposant du président ; il prépare ainsi l'annonce du thème qui sera au cœur de sa campagne : la rupture.

Nul doute que l'efficacité démontrée par le dispositif Sarkozy avant et durant la campagne présidentielle de 2007 va s'imposer comme un modèle dans toute la classe politique. Si Ségolène Royal éprouve quelques « difficultés » à se départir de sa froideur naturelle à l'égard des journalistes, certains de ceux qui l'ont suivie l'ont protégée de bout en bout, minorant souvent ses gaffes et les interprétant comme des preuves de sa spontanéité. Le plan médias qui accompagne la sortie de son livre quelques mois après l'élection montre qu'elle en a tiré la leçon : les batailles politiques se mènent d'abord sur le front médiatique.

Tout se passe comme si le journalisme « embarqué » avait aussitôt suscité, par un réflexe *a priori* sain, son contre-feu, sorte de frère jumeau : le journalisme de « révélation ». Celui-ci trouve son expression exclusivement sous la forme de livres. Le succès d'ouvrages comme *La Tragédie du Président*[1], *Sexus politicus*[2], *La Femme fatale*[3] ou *La Nuit*

---

1. Par Franz-Olivier Giesbert, Flammarion, 2006.
2. Par Christophe Deloire et Christophe Dubois, Albin Michel, 2006.
3. Par Raphaëlle Bacqué et Ariane Chemin, Albin Michel, 2007.

du Fouquet's[1] repose sur un contrat implicite bien particulier de l'auteur-journaliste avec son lecteur : « On ne vous dit pas tout, nous allons vous dire ce que les médias vous ont caché. » Le secret de fabrique du livre de Giesbert repose sur une parfaite maîtrise du temps : dans ses « cahiers », il note ses conversations avec les politiciens. Ces derniers ont pris l'habitude de s'épancher auprès de lui parce qu'ils savent parfaitement qu'ils ne retrouveront pas leurs propos ou leurs analyses dans *Le Point* de la semaine suivante. En échange de cette discrétion provisoire, ils lui donnent quitus pour sa future œuvre politico-littéraire. François Mitterrand disait de Giesbert qu'il avait « les guillemets faciles ». Mais les hommes politiques, tout entiers orientés vers l'action quotidienne, sont aussi indulgents envers le journalisme d'édition : racontée à chaud, l'anecdote serait mortelle pour eux ; avec le temps, elle devient simplement croustillante, rigolote. Sauf pour la personne visée : Giesbert a attendu que Chirac soit politiquement très affaibli pour raconter ce qu'il savait. Avec bien moins de talent, Georges-Marc Benamou a attendu la mort de François Mitterrand pour le tuer une seconde fois. Nicolas Sarkozy devrait se méfier. D'ailleurs il se méfie. En politique, les destins basculent vite.

Le journalisme de révélation politique n'est pas toujours courageux. On colle (aux plus forts) ou on cogne (les plus faibles). Telle est donc l'alternative cynique à laquelle paraissent se résigner ceux dont la mission fut longtemps d'éclairer le jugement des

---

[1]. Par Ariane Chemin et Judith Perrignon, Fayard, 2007.

citoyens grâce à leur talent pour naviguer dans le monde politique tout en maintenant une certaine distance. On comprend que le journalisme politique ne suscite plus autant de vocations que par le passé.

2

Les reporters, au rapport !

Il était de préférence grand et, si possible, lointain. Pour ceux qui rêvaient de vaste monde et de bonnes causes, le reportage au long cours a été l'essence même du journalisme. Choisir ce métier, c'était d'abord marcher sur les traces d'Albert Londres et de Lucien Bodard, s'efforcer d'être à la fois là où l'Histoire se faisait et là où elle n'irait jamais. On pouvait avoir la chance de fréquenter les hôtels plus ou moins décatis où ils avaient trouvé l'inspiration, pris des cuites et couru les filles, comme l'Oloffson de Port-au-Prince immortalisé par Graham Greene, l'Aletti d'Alger (rebaptisé Safir après l'Indépendance) ou, pour la période récente, le Holiday Inn de Sarajevo, l'American Colony de Jérusalem, le Moskva de Belgrade et le Palestine à Bagdad.

Pour le débutant intimidé (et plus encore pour la débutante) qui avait la chance de croiser dans les couloirs de la rédaction ce baroudeur toujours entre deux avions, le grand reporter était un mythe, un modèle qu'on espérait égaler un jour, quand on ferait enfin partie de cette aristocratie planétaire qui bravait tous les dangers pour que le public sache tout des guerres oubliées, des dictatures sanglantes et des peuples en armes – bref, ce qu'il aurait préféré ne pas savoir. Le prestige de cette élite internationale qui se retrouvait dans les villes en guerre était encore rehaussé quand certains de ses membres mouraient pour informer. Dans l'imaginaire du métier, le reportage avait quelque chose d'exotique et de tragique, d'héroïque et de lyrique.

Envoyé spécial : le terme qui désignait le statut le plus gratifiant de la profession évoque surtout, désormais, le titre d'une émission-phare de la télévision. Dans les écoles de journalisme, on rêve de petit écran plus que de grand large, de précision factuelle plus que de fresques littéraires, de la chambre à coucher des grands de ce monde plutôt que de conflits propres à susciter des maux de crâne. Certes, on continue à parler de reportage et même à en faire. Mais l'idéal de la profession s'apparente plutôt au *report* anglais qu'à notre antique reportage. Le bon reporter est celui qui rapporte les faits sans y toucher – et sans en avoir l'air.

Certains pensent sans doute qu'il ne s'agit là que d'un retour aux sources. « Le grand reporter est un spectateur. Rien ne doit venir embuer son sens critique. Les verres de ses jumelles sont nets[1] », a écrit

---

1. Édouard Helsey, *Envoyé spécial*, Fayard, 1955, cité par Christian Delporte, *Les Journalistes en France, 1880-1950, Naissance et construction d'une profession*, Le Seuil, 1999.

Édouard Helsey, grand reporter au *Journal* à partir de 1912. Dans les deux dernières décennies du xixe siècle, le reportage est né, selon l'historien des médias Christian Delporte, « du passage d'un journalisme d'idées à un journalisme de faits, d'une pratique journalistique traditionnelle à une démarche codifiée résolument nouvelle [1] ». En 1930, alors que l'on distingue toujours le « petit reportage » du grand, le *Larousse* précise que « le goût du public pour l'information rapide et complète a donné au reportage et aux reporters une place considérable dans le journalisme contemporain ». Le reporter est celui qui va chercher l'information à la source, sur le terrain comme on dit. Et le terrain, lui, ne ment pas. Il ne s'agit pas seulement d'une boutade. Le règne du reportage va de pair avec l'illusion d'une réalité objective que le journaliste se contenterait de rapporter. Une illusion qui a engendré des manipulations retentissantes, comme celle de Timisoara [2], la fausse ville martyre de la tout aussi fausse « révolution » roumaine, et des fiascos moins spectaculaires mais tout aussi graves comme celui de la couverture par la presse américaine, *New York Times* en tête, des prémices de la guerre en Irak.

---

1. Christian Delporte, *Les Journalistes en France, op. cit.*
2. En décembre 1989, immédiatement après la chute du mur de Berlin, la Roumanie voit la chute de son dictateur communiste Ceaucescu. Celle-ci intervient une semaine après le soulèvement de la ville de Timisoara, dans l'ouest du pays, le 16 décembre, réagissant à l'ordre de la Securitate de déplacer le pasteur dissident de la communauté hongroise locale. L'armée tenta de réprimer les manifestations, tirant sur la foule. Dans la ville libérée, les médias se livrèrent à une surenchère : on parla de « génocide », de « charniers », de 10 000 puis de 4 630 victimes... La répression n'a fait que 90 victimes (estimations entre 90 et 147).

Abusé par Judith Miller, l'une de ses reporters les plus chevronnées, laquelle se faisait elle-même mystifier par ses sources, et en particulier par l'homme d'affaires irako-américain (ou peut-être américano-irakien) Ahmed Chalabi, le vénérable quotidien de l'*establishment* branché se comporta, au début de 2003, comme le porte-parole de la Maison-Blanche ou à peu près, publiant de longs articles sur les fameuses et introuvables armes de destruction massive de Saddam Hussein. L'entregent, la réputation et les coups de gueule de cette honorable journaliste, que certains de ses collègues qualifiaient aimablement de « calamité professionnelle », effrayaient même sa hiérarchie, qui se révéla incapable de lui imposer une prudence minimale. Or, dans les mois qui précédèrent la guerre, elle avala goulûment ce que lui racontait Chalabi, alors même que la CIA avait depuis longtemps cessé de tenir l'homme d'affaires pour une source d'information fiable. En septembre 2002, son article sur l'achat par l'Irak de tubes d'aluminium qui, selon des « experts », ne pouvaient servir qu'à la construction de centrifugeuses destinées à enrichir l'uranium fit un tabac. Le jour même, Dick Cheney, Condoleezza Rice, Donald Rumsfeld et Colin Powell, les plus hauts responsables de l'Administration en matière de défense, se répandaient sur les « tubes » devant micros et caméras. George Bush évoquera l'article devant les Nations unies. Autant dire que le *New York Times* a fourni une légitimation inespérée à la politique du gouvernement.

Mais l'honnêteté exige de rappeler que, une fois le scandale éclaté, le quotidien créa une commission d'enquête pour comprendre comment il avait pu se fourvoyer de la sorte. Il consacra ensuite un grand nombre d'articles à ses erreurs, de même qu'il s'était livré à une autocritique en règle après l'affaire Jayson Blair en 2003, reporter promu grâce à l'*affirmative action* (discrimination positive), dont bon nombre d'articles avaient été plagiés ou « bidonnés ».

On connaît la légende de ces aventuriers qui passaient plus de temps au bar de leur hôtel que sur les routes et aimaient à ménager leurs effets dans leur récit. Sans doute contient-elle une part de vérité. Encore faut-il un sacré talent pour « mentir vrai », définition qu'Aragon donne de la littérature. Et il est à craindre que ce talent ne soit pas très répandu aujourd'hui dans la corporation.

En tout cas, le reportage ne s'est jamais conformé à l'idéal de neutralité énoncé par Helsey. Dès lors qu'il vise à restituer les situations dans leur complexité, à rendre les acteurs vivants, il convoque nécessairement la subjectivité de l'observateur. Aller chercher l'information à sa source, observer l'événement là où il se produit, voilà qui est fort louable, mais qui croira qu'il n'existerait qu'une seule façon de chercher ou de raconter ? À cela, il faut ajouter une singularité française en vertu de laquelle, dès l'origine, on accorde une importance particulière au style. Ce qu'explique Fernand Xau, le fondateur du *Journal* : « Nous sommes trop raffinés pour nous contenter d'un reportage tout sec, et puis le commerçant, le politicien ne sont pas les seuls à lire le journal. Il y a l'écrivain, l'artiste, il y a les femmes aussi, qui s'intéressent médiocrement à l'information banale et brutale[1]. » Admettons que nous devons aux Françaises la grande tradition du journalisme littéraire, représentée notamment par Joseph Kessel. Il faudrait alors se demander dans quel terreau un Hemingway ou, peut-être plus encore, un Orwell ont trempé leur plume. On peut noter à ce sujet que, si le combat de l'auteur de 1984 pour les républicains espagnols est une référence[2], peu de journalistes connaissent son exploration minutieuse de la vie des mineurs anglais au début des années 1930[3]. Ce long reportage, poignant dans sa sobriété et sa précision prosaïque, pourrait pourtant servir de modèle à tous ceux qui font encore profession de donner à comprendre la « vie des autres ». Toujours est-il que le grand reporter français n'est guère suspect de s'effacer devant son sujet, comme l'observait, au tournant du XXe siècle, un journaliste de la *Westminster Gazette* notant que, contrairement à son confrère français, qui soigne sa réputation, le journaliste anglais ne signe jamais ses articles et fait preuve d'abnégation. Aujourd'hui encore, *The Economist,* où tous les articles sont anonymes, est sans doute un cas unique dans la « grande presse »[4].

Le style ne fait pas tout à l'affaire. Le grand reportage aime les grandes causes. Albert Londres se fait connaître en 1923 par un reportage sur le bagne de Cayenne, dans lequel il prend fait et cause pour un

---

1. *La Patrie*, 27 juin 1893, cité par Christian Delporte, *Les Journalistes en France, op. cit.*
2. Voir *Hommage à la Catalogne*, Ivrea, 1982.
3. Voir *Le Quai de Wigan*, Ivrea, 1995.
4. Si un site d'information comme le nouvelobs.com applique le même principe, soit l'absence des signatures des rédacteurs, sa signification n'est pas du tout la même. Voir chapitre « Ne dites pas à ma mère... ».

homme injustement emprisonné, nommé Dieudonné, dont il obtiendra la grâce en 1927. « Exemple pour toute une profession, écrit Christian Delporte, Albert Londres incarne le journaliste mythique qui parcourt sans cesse le monde, approche les puissants, côtoie les humbles, va puiser la nouvelle à sa source, dans les Balkans, au Moyen-Orient, en Russie bolchevique, au Japon, en Inde, en Asie du Sud-Est. Honneur d'une profession, il est aussi le redresseur de torts qui, après avoir montré à l'opinion les prisons et les pénitenciers, s'attaque à des sujets sur lesquels on garde habituellement le silence : les asiles d'aliénés, la traite des Blanches, le trafic des Noirs[1]. » Ces quelques lignes montrent à quel point le journalisme contemporain se nourrit de ce mythe fondateur. L'ennui est qu'on a reconduit le mythe sans perpétuer la chose.

Le reporter du XXIe siècle se la joue volontiers Albert Londres. Il se voit toujours comme un combattant de la vérité. Mais, sur la forme et sur le fond, il est assez éloigné de ses brillants ancêtres. Précisons derechef que les reporters ne portent qu'une part de responsabilité dans l'abaissement de leur métier, dès lors qu'ils sont soumis à des contraintes de plus en plus lourdes, économiques mais aussi éditoriales ou hiérarchiques.

L'omniprésence de la télévision, devenue la référence inconsciente de l'univers du reportage, est sans doute l'une des raisons, peut-être la première, de son appauvrissement. Nous essaierons ultérieurement de montrer comment la prétention à tout montrer,

---

1. Christian Delporte, *Les Journalistes en France, op. cit.*

caractéristique de la société télévisuelle[1], est au cœur de la nouvelle idéologie journalistique[2] ; contrairement à ce que pensent spontanément de nombreux journalistes, l'écrit est le média le plus adapté aux exigences du grand reportage. L'image convoque et éventuellement provoque, mais les mots évoquent et possèdent la faculté d'appréhender le réel dans toutes ses dimensions, visible et invisible, sensible et intelligible. La tâche des journalistes n'est pas – ou ne devrait pas être – de présenter le monde tel qu'il est, mais de le représenter, de le donner à comprendre et à sentir. De plus, en générant l'illusion qu'elle pouvait apporter le monde à domicile, la télévision a aussi modifié les attentes du public. Quand bien même des médias pratiqueraient encore le reportage au long cours, se trouverait-il des lecteurs prêts à y consacrer le temps et l'attention nécessaires ?

On passe souvent sous silence l'une des différences essentielles entre le reporter d'hier et celui d'aujourd'hui. Le premier travaillait en solitaire, même s'il croisait souvent ses congénères. Le second se déplace en troupeau. Le reporter ne construit plus une histoire qu'il est seul à avoir dénichée, il « couvre » un événement. Question de gros sous, en premier lieu. Il est extrêmement difficile aujourd'hui de persuader sa rédaction en chef de financer un reportage que l'actualité n'impose pas. « La première question que l'on me pose quand je propose un sujet est : combien ça va coûter ? » se désole Slimane

---
[1]. Plus précisément, il faudrait reprendre le concept de vidéosphère forgé par Régis Debray.
[2]. Voir la partie II « Après le journalisme, le communisme ».

Zeghidour, grand reporter à TV5. Pire, on me demande parfois de présenter un devis. »

En revanche, il est tout aussi impossible pour un média de ne pas « être présent sur » un événement que les autres s'apprêtent à traîter. La concurrence impose le mimétisme. Lorsque les bombardements de la Yougoslavie prirent fin, le 24 mars 1999, et que les forces terrestres de l'OTAN entrèrent au Kosovo, des milliers de journalistes venus du monde entier firent mouvement en moins de vingt-quatre heures sur Pristina. Le moindre journal local avait cru bon de disposer d'un envoyé spécial. On avait suffisamment proclamé qu'il s'agissait de battre les forces du mal, maintenant qu'elles étaient à terre, cela valait le coup d'aller voir. À vrai dire, ces « envoyés spéciaux » étaient souvent des *free lancers* qui avaient décidé de leur propre chef – et surtout à leurs propres frais – d'aller voir là où ça se passait pour proposer leurs papiers aux rédactions. Il faut d'ailleurs rendre cette justice aux quotidiens d'avoir souvent embauché ces francs-tireurs après la guerre qui avaient mouillé leur chemise à Sarajevo ou ailleurs.

Certains événements, considérés comme d'importance planétaire, appellent donc le reportage. Soyons justes, il est presque impossible pour un rédacteur en chef de ne pas envoyer un journaliste à New York au lendemain du 11 septembre 2001. Il sait pertinemment que l'apport de son reporter sera marginal, étroitement dépendant de son talent de narration, et qu'il pourrait mitonner en interne d'excellentes analyses. Oui, mais le public veut du vécu. Du *live*. Du comme-si-vous-y-étiez. Du pathos. Des enfants qui pleurent. Des vies brisées. Si vous ne proposez pas vous aussi la marchandise disponible, le public ira la chercher dans le magasin d'à côté. Et vous aurez perdu. Le lecteur, donc l'annonceur.

On conviendra que cette mécanique implacable n'incite guère les médias à jouer la singularité. Mais le mimétisme ne joue pas seulement sur le choix des sujets traités, il conditionne aussi leur traitement. Quand la gazette de Trifouilly-les-Oies envoie un reporter à Pristina, elle veut du TF1. Et TF1 aussi veut du TF1, et tous les autres également. Grand reporter à *Paris Match*, Jacques-Marie Bourget se montre finalement presque optimiste en supposant que les médias ont une ligne éditoriale qui leur est propre : « J'ai la conviction qu'aujourd'hui le reporter est totalement sous la coupe de l'éditorialiste, explique-t-il. Envoyé sur le terrain, donc crédible parce qu'il "voit", il est d'abord là pour démontrer ce qu'écrit le maître[1]. » Il arrive en effet que le reportage soit destiné à valider la thèse choisie en haut lieu. Dans le cas de Timisoara, l'envoyé spécial de *Libération* eut la stupéfaction de voir son article totalement réécrit dans le sens qui semblait être le bon, celui d'un massacre de masse. De tels cas de censure d'en haut du journalisme d'en bas ne sont pas si fréquents — aucun rédacteur en chef ne souhaite provoquer de conflits dont les éclats pourraient s'ébruiter à l'extérieur de l'entreprise. En revanche, le sens des éditoriaux ou des analyses conçus à Paris et celui des reportages du correspondant ou de l'envoyé spécial peuvent diverger radicalement, à charge pour le lecteur, auditeur ou téléspectateur de se débrouiller.

---

1. Jean-Marie Bourget, *Le Débat*, n° 138, janvier-février 2006.

La hiérarchie parisienne du *Nouvel Observateur* est nettement moins hostile à Israël que René Backmann, qui fut des années durant chargé du dossier « Proche-Orient ». Dans d'autres cas, les affrontements internes se lisent entre les lignes. Lorsqu'il était correspondant du *Monde* à Moscou, (pendant la Perestroïka, notamment pendant l'année 1989), Bernard Guetta a souvent eu la déplaisante surprise de voir ses articles coiffés par des titres les contredisant, sa hiérarchie étant nettement moins « gorbatchéphile » que lui.

Le plus souvent, tout le monde s'entend à merveille, et le témoignage du terrain sert à confirmer ce que l'opinion convenable a décrété convenable. Une grande partie des journalistes a donc trouvé en 1999 au Kosovo les traces de charniers qui n'existaient pas et les preuves de massacres imaginaires – ce qui n'efface nullement ceux qui avaient réellement été commis. Le reporter a souvent tendance à voir ce qu'il croit. Et, comme l'a reconnu un jour un journaliste qui avait évoqué le génocide perpétré au Kosovo, « mieux vaut avoir annoncé un génocide qui n'existe pas qu'avoir passé sous silence un génocide réel ».

Faut-il se laisser enfermer dans cette détestable alternative ? L'expérience d'un Renaud Girard, dont les articles dans *Le Figaro* contredisent imperturbablement ceux de ses confrères ou les éditoriaux de la hiérarchie (et souvent les deux), prouve bien, si besoin était, que le professionnalisme et le talent suffisent parfois à s'imposer. Il est vrai que Girard est un cas à part dans la profession : normalien, énarque, aussi à l'aise face aux grands de ce monde que dans un quartier populaire de Bagdad, d'Alger ou de Belgrade, il a l'assurance que confère une grande culture.

On ne voit pas pourquoi le reportage échapperait au manichéisme moralisateur devenu peu ou prou la clé du réel favorite des journalistes. Face à la complexité du monde et des hommes, il est si rassurant de distinguer « deux camps, deux lignes, deux voix », comme on disait au temps de la Guerre froide. La ligne de partage ne sépare plus ceux qui croient au progrès et ceux qui n'y croient pas, mais plutôt les bons qui respectent les droits de l'homme, des méchants qui les bafouent. Dans la vraie vie, les choses se passent rarement ainsi. Les droits de l'homme ne suffisent ni à fonder une politique[1] ni à l'analyser. En Algérie, en Tunisie ou en Égypte, des pouvoirs passablement corrompus répriment les libertés au nom de la liberté. Que les reporters soient favorables à cette répression parce qu'ils pensent qu'elle est un moindre mal est une chose. Qu'ils passent sous silence ou minimisent les exactions commises ou encouragées par les régimes en est une autre.

De ce point de vue, le traitement de la situation en Russie est particulièrement significatif. Les journalistes sont révulsés par la guerre en Tchétchénie. Ils n'aiment pas Vladimir Poutine et la façon dont il exerce le pouvoir. On peut les comprendre. Mais sauf à considérer que, de la base de la société à son

---

1. Comme l'a démontré Marcel Gauchet dans deux articles retentissants publiés dans *Le Débat* à vingt ans d'intervalle : « Les droits de l'homme ne sont pas une politique », en 1980, et « Quand les droits de l'homme sont devenus une politique », en 2000.

sommet, les Russes ont le stalino-tsarisme dans le sang, on aimerait comprendre l'autoritarisme de Poutine et plus encore les raisons de sa popularité. Si gratifiantes soient-elles pour ceux qui les profèrent, les condamnations morales ne disent pas grand-chose de la Russie actuelle.

Le traitement par les médias de la prise d'otages perpétrée en septembre 2004 par des terroristes tchétchènes dans une école de Beslan, en Ossétie, fut particulièrement significatif du journalisme des bons sentiments. À écouter la musique médiatique, on a fini par avoir le sentiment que le premier responsable du carnage se trouvait au Kremlin. Bien sûr, la condamnation des preneurs d'otages a été générale, mais elle a fait couler beaucoup moins d'encre que les errements, fautes et crimes du pouvoir central. Comme le souligna sur France Culture Georges Sokoloff, universitaire et spécialiste de la Russie, « tout est une question d'accent, d'ordonnancement des phrases : *certes*, les terroristes sont monstrueux, *mais* le pouvoir russe est ceci ou cela[1] ». Ainsi a-t-on pu lire dans un éditorial du *Monde* que « la méthode est d'autant plus odieuse que les ravisseurs savent d'expérience la brutalité des forces russes ». Fallait-il en conclure qu'un attentat similaire perpétré en Suisse eût été moins monstrueux ? À force de répéter que les preneurs d'otages avaient été radicalisés par la politique inhumaine de Poutine en Tchétchénie, ne finissait-on pas par les exonérer ? Hitler, on le sait, a eu une enfance

---

1. Voir Élisabeth Lévy, « Salauds de Russes », *Marianne*, 18 septembre 2004.

malheureuse, et les bombes humaines palestiniennes ont connu à la fois le désespoir et la misère.

Après l'assaut donné par les forces spéciales russes au cours duquel 189 enfants sont tués, c'est la curée. Analysant dans *Le Figaro* « la faiblesse de l'homme fort », Irina de Chikoff se demande « qui est coupable du massacre de Beslan ». Laure Mandeville, autre spécialiste de la Russie dans le même quotidien, ne doute pas de la réponse : « Si des monstres prennent des enfants en otages, dit-elle, c'est bien le produit de la politique russe dans le Caucase. » Et toc ! Ce journalisme moralisateur est souvent une affaire de femmes – simple coïncidence. Dans *Le Monde*, Plantu ne s'embarrasse pas plus de nuances. Sur son dessin, au-dessous d'une « une » annonçant « Le récit du bain de sang. Les mensonges du pouvoir russe[1] » – comme si le premier était dû aux seconds –, la kalachnikov des terroristes porte une étiquette « *Made in Russia* ». Mais la palme revient à Patrick Sabatier, qui, dans *Libération*, finit par renvoyer dos à dos les preneurs d'otages et le pouvoir : « Pas facile, entre deux maux, de choisir le moindre. Mais on n'est pas toujours obligé de choisir. Entre la barbarie intolérable des terroristes clamant lutter pour l'indépendance de la Tchétchénie et le rétablissement de l'ordre à n'importe quel prix d'un Poutine prétendant lutter contre le terrorisme, il n'y a pas de choix satisfaisant. » On ne saurait être plus clair. Peut-être un peu embarrassé, François Sergent, responsable du service étranger du quotidien, reconnaît que cet éditorial a provoqué une discussion interne,

---

1. 5 septembre 2004.

mais il ne doute pas : « Je ne trouve pas que tout ce que nous faisons est parfait, mais, là, je n'ai aucun regret sur notre couverture. Après tout, nous parlons d'un pays qui connaît une dérive totalitaire. » Personne ne le nie, mais encore faudrait-il la caractériser : la Russie de Poutine n'est ni le Chili de Pinochet, ni la Chine de Hu Jintao. Mais ce débat, visiblement, n'a pas sa place dans la presse française. Ni à l'époque, ni aujourd'hui.

Les guerres et situations conflictuelles sont d'autant plus déplaisantes pour les amateurs d'histoires simples que les victimes d'un jour peuvent être les bourreaux du lendemain. Des Croates périrent dans Vukovar détruit, et d'autres Croates tuèrent à Mostar. Des Serbes ont chassé des centaines de milliers de civils musulmans et croates, et des Serbes ont été chassés de la Krajina, où ils étaient installés depuis des générations. Qu'on ne nous fasse pas le procès de renvoyer dos à dos victimes et bourreaux. Nous savons que le massacre de Srebrenica perpétré – et avec quelle cruauté – par des Serbes n'a pas eu d'équivalent (et c'est tant mieux). Ce serait faire injure à la mémoire des victimes elles-mêmes de croire qu'on pourrait leur rendre hommage en passant d'autres victimes par pertes et profits. Le journaliste s'honore en refusant de choisir entre les unes et les autres. Des Palestiniens meurent sous les balles israéliennes, et des Israéliens explosent avec les bombes humaines palestiniennes. Dans tout conflit, il y a des faibles et des forts. Quand le reportage consiste, comme beaucoup le croient, à raconter ce qu'on voit, on finit par les repeindre en bons et en méchants. Que voit-on au Moyen-Orient ? Une population misérable et opprimée qui vit à quelques encablures d'une société moderne et prospère ; une armée bien équipée qui se bat contre des milices, quand ce n'est pas contre des enfants. Tout cela est vrai. Qui croit que cela suffit à rendre compte d'un choc de légitimités ?

Les guerres présentent souvent la difficulté supplémentaire qu'il y est généralement impossible pour le reporter d'y recueillir tous les points de vue. Or, qu'on le veuille ou non, ce métier fonctionne à l'empathie. Séjourner à Belgrade durant les bombardements du Kosovo conduisait à partager le sort de la population serbe et parfois à adopter son point de vue. Au même moment, le journaliste envoyé à Bruxelles, nourri quotidiennement des *briefings* du porte-parole de l'OTAN Jamie Shea, avait d'autant plus de mal à conserver son quant-à-soi que le jeune diplomate, avec sa bonne bouille de garçon nourri aux céréales et au base-ball, appelait clairement les journalistes à prendre leurs responsabilités en participant à la lutte contre le Mal.

On en conviendra, il est difficile de résister à un tel appel. Mais le reportage n'est pas une activité pour dame patronnesse. La liberté est presque aussi nécessaire au reporter que sa veste à poches et son whisky. Elle est aujourd'hui sévèrement surveillée. Et quand personne ne la lui conteste, il se débrouille fort bien pour l'aliéner de son plein gré.

3

De l'enquête au Grand Investigateur

Le « journalisme d'investigation » est une création sémantique très récente, apparue dans les années 1980 ; d'aucuns la jugent pléonastique, puisque le journalisme serait par essence fondé sur l'investigation, c'est-à-dire, si on consent à employer un terme moins ronflant mais tout aussi adapté, sur l'enquête. Le concept nous vient des États-Unis, et plus particulièrement de son mythe fondateur, l'affaire du Watergate, qui, de 1972 à 1975, fit vivre l'Amérique au rythme des révélations du *Washington Post* avant d'aboutir à la démission du président Richard Nixon.

L'enquête sur l'attentat contre le *Rainbow Warrior*, menée par Bertrand Le Gendre et Edwy Plenel durant l'été 1985, a constitué l'acte d'importation en France du journalisme d'investigation. Comme dans le feuilleton du Watergate, les deux journalistes mirent en scène une « gorge profonde » – un informateur proche de l'institution pistée par l'enquêteur – qui leur avait donné les clefs du mystère – le naufrage, dans la baie d'Auckland, du bateau utilisé par Greenpeace contre les essais nucléaires français dans le Pacifique. L'attentat avait fait un mort, le photographe Fernando Pereira, remonté, après une première explosion, à bord du navire pour récupérer ses appareils ; la seconde l'y surprit. L'arrestation par les autorités néo-zélandaises de deux espions français, les fameux faux époux Turenge, avait fait l'effet d'un pétard mouillé dans l'Hexagone, de nombreux éléments indiquant que les deux agents de la Direction générale de la sécurité extérieure (DGSE) n'avaient pu poser les bombes eux-mêmes. Les deux journalistes du *Monde* se fondèrent sur une hypothèse formulée par des membres du cabinet de Laurent Fabius[1], alors Premier ministre, qui n'était pas, semble-t-il, au courant de l'affaire, pour lancer leur bombe dans le débat public : l'existence d'une « troisième équipe ».

On sait aujourd'hui que les deux « investigateurs » du *Monde* jouaient là un magistral coup de poker : ils transformaient une hypothèse en fait établi en invoquant de supposées informations émanant d'une tout aussi hypothétique « gorge profonde ». Jean-Marie Pontaut[2], grand reporter à *L'Express*, puis

---

1. Voir le chapitre « Cabinet blanc contre cabinet noir, le *Rainbow Warrior* », in Pierre Péan et Philippe Cohen, *La Face cachée du* Monde, Mille et une nuits, 2003, pp. 105-124.
2. Voir le livre de Jacques Derogy et Jean-Marie Pontaut, *Investigation, passion*, Fayard, 1993.

Bernard Poulet[1] démystifieront de façon convaincante les méthodes des investigateurs. On peut dire que la chance a joué en faveur de ceux-ci. Si l'existence de la troisième équipe a été confirmée par la suite, les journalistes du *Monde* ne disposaient d'aucun élément pour l'établir au moment où ils publièrent leur enquête – qui, on s'en rappelle, avait fait grand bruit, et tel était, bien sûr, l'objectif. Comme l'écrit Bernard Poulet, le journalisme d'investigation se confond dès l'origine avec un « journalisme à l'estomac ».

En réalité, le journalisme d'enquête avait déjà une longue histoire en France. Le travail de Jacques Derogy et de Jean-François Kahn sur l'affaire Ben Barka, celui de Pierre Péan sur les diamants de Bokassa et sur la contribution de la France au programme nucléaire israélien, les enquêtes de Gilles Perrault, en particulier celle qu'il mena sur l'affaire Ranucci, l'un des derniers condamnés à mort exécutés en France[2], lui avaient donné ses lettres de noblesse. Ce journalisme d'enquête était le fait de quelques magazines comme *L'Express*[3] ou *Le Nouvel Économiste*[4], qui avaient fait profession d'indépendance à l'égard des pouvoirs dès leur fondation. Dans les années 1970, *L'Express* pouvait se per-

---

1. Voir son ouvrage, *Le Pouvoir du Monde. Quand un journal veut changer la France*, La Découverte, 2003, en particulier le chapitre : « *Rainbow Warrior* : faux scoop ou cas d'école ? », pp. 215-220.
2. Gilles Perrault, *Le Pull-over rouge*, Ramsay, 1978, puis *L'Ombre de Christian Ranucci : l'affaire du pull-over rouge*, Fayard, 2006.
3. *L'Express* a été lancé comme supplément des *Échos* en 1953 par Françoise Giroud et Jean-Jacques Servan-Schreiber, avant de devenir un magazine à partir de 1964.
4. *Le Nouvel Économiste* a été fondé en 1976.

mettre d'expédier un Pierre Péan aux quatre coins du monde, et cela durant des mois, pour enquêter sur le marché du pétrole ou sur la disparition de six Juifs en Irak[1]. Il faut se représenter ce que signifiait alors enquêter dans une dictature comme l'Irak : pour téléphoner « librement » en France et communiquer à la direction du journal ses résultats, le reporter était obligé de prendre l'avion pour la Jordanie ou le Liban, puis de revenir en Irak !

Cette tradition qui conjuguait enquête approfondie et grand reportage et donnait lieu à la publication de très longs papiers s'est maintenue jusque récemment dans ce magazine. Ainsi le directeur de la rédaction Denis Jeambar fit-il publier en 2005 sous la forme d'un feuilleton estival une enquête sur la famille Wertheimer, propriétaire de Chanel, qui avait nécessité plusieurs mois de travail de deux journalistes[2]. Il est peu probable que l'hebdomadaire, désormais aux mains du groupe belge Roularta, sache faire vivre à l'avenir cette exigence qui contribua à sa réputation, le repreneur lui imposant des règles de gestion drastiques.

Longtemps l'investigation fut plutôt marginale dans l'activité journalistique. La noblesse du métier était alors incarnée par les journalistes politiques et, dans une moindre mesure, par les reporters au long cours. Notons simplement que l'enquête demande un travail long et minutieux, souvent fastidieux, qui consiste d'abord à formuler une hypothèse, pour par-

---

[1]. Voir l'article « Police à l'irakienne », *L'Express*, 26 mars 1973.
[2]. Bruno Abescat et Yves Stavridès, « Derrière l'empire Chanel... La fabuleuse histoire des Wertheimer », *L'Express*, à partir du 4 juillet 2005, en six livraisons.

venir ensuite, en multipliant les sources, à la valider ou au contraire à l'infirmer. Ceux qui vécurent les grandes heures de ce journalisme-là firent au moins une fois l'expérience peu gratifiante d'avoir mené une longue enquête qui ne donna lieu à aucune publication, parce qu'ils avaient échoué à transformer leurs intuitions et suppositions en certitudes.

Quand on parle aujourd'hui de journalisme d'investigation, on fait référence à tout autre chose. Si l'affaire Greenpeace apparaît comme l'épisode fondateur de ce « journalisme d'investigation » à la française qui, durant une bonne quinzaine d'années, a fait la pluie et le beau temps dans les rédactions et, par là même, dans la vie politique française, c'est parce qu'après elle le « ciblage » des hommes politiques est devenu le sport favori de la trentaine de journalistes qui le pratiquaient – et, pour certains d'entre eux, tentent encore de le pratiquer. Ces stars de l'investigation devinrent vite les héros de la profession, ceux que l'on citait en exemple dans les écoles et que les petits nouveaux rêvaient d'imiter : quand je serai grand, je serai Edwy Plenel... Se revendiquant, implicitement ou explicitement, du glorieux parrainage de Woodward et Bernstein, les deux héros du Watergate, ces « grands investigateurs » finiront, parfois en toute sincérité, par se penser comme des justiciers, endossant alors l'habit de « Monsieur Propre » de la vie publique.

Les tombeurs de Charles Hernu[1], Georges Marion et surtout Edwy Plenel, firent école, tant à l'intérieur du *Monde* qu'à l'extérieur. Ainsi vit-on leurs dis-

---

1. L'affaire *Rainbow Warrior* contraignit Charles Hernu, ministre de la Défense, à démissionner le 20 septembre 1985.

ciples officier à *Libération*, à *L'Express*, à *L'Événement du jeudi* ou au *Point*. Et bientôt cet appétit de moralisation et cette volonté de doter le « quatrième pouvoir » d'armes de destruction massive modelèrent l'état d'esprit des journalistes, tandis que s'installait dans l'ensemble de la société un désenchantement palpable à l'endroit de la politique et que les magistrats entendaient conquérir leur indépendance.

Le sociologue Jean-Marie Charon a, parmi d'autres, observé le premier le phénomène : « Avec les années 1980, puis 1990, écrit-il, c'est une nouvelle forme de journalisme d'investigation qui va émerger, puis s'affirmer. Il est pratiqué par un ensemble de rédactions [...] qui vont s'attaquer à des dossiers mettant en cause de grands partis politiques ; des institutions de premier plan comme la présidence de la République, la gendarmerie, de grandes entreprises (Péchiney, Crédit lyonnais, Elf, etc.) ; des carences dans le contrôle parlementaire ou l'indépendance de la justice ; des procédures (financement des partis, attribution de marchés publics) ; des formes de délit et de criminalité jusque-là ignorées (délits d'initiés, emplois fictifs, corruption)[1]. »

On se gardera de considérer les hommes et femmes politiques comme d'innocentes victimes de l'acharnement journalistique. On peut cependant s'interroger sur un processus qui a investi les journalistes du droit de demander des comptes à tous sans jamais être contraints d'en rendre à personne. Charon perçoit bien la mutation mentale qui a accom-

---

1. « Le journalisme d'investigation et la recherche d'une nouvelle légitimité », *Hermès n° 35*, CNRS éditions, 2003, p. 138.

pagné la transformation des enquêteurs en investigateurs : alors que les premiers étaient le plus souvent des sympathisants ou des militants de gauche qui, à travers leurs enquêtes, s'attaquaient à un régime post-gaulliste en décomposition, la nouvelle vague se réclame d'abord du journalisme *à l'américaine* et du Watergate. Souvent issus de l'extrême gauche, ses représentants proclament que l'engagement politique est « contradictoire avec leur idéal d'indépendance et de professionnalisme[1] ». Sans avoir jamais conscience (ou en le déniant) que leur prétendue neutralité est la façade commode d'une idéologie moralisatrice et soupçonneuse.

Mais, surtout, la mythologie de l'investigation cache une entourloupe. Friands de scoops et de coups, les émules français de Bernstein et Woodward sont loin d'accomplir le travail obsessionnel de recherche, de recoupement et de vérification de leurs modèles. En réalité, leur investigation repose toujours sur celle des autres. Le journalisme de dénonciation qu'ils pratiquent en fait – dénonciation des méfaits présumés d'abord, des malfaiteurs ensuite –, et qui s'apparente parfois à un pur exercice de délation, n'aurait pu se déployer dans toute sa gloire si des juges, des avocats et des policiers n'avaient décidé, à la fin des années 1980, de « nourrir » les investigateurs en leur fournissant obligeamment des pièces des procédures en cours. Certes, ces « fuites » bien dirigées obéissaient, au départ, à d'estimables motivations : compte tenu de la docilité des parquets, les juges savaient que leurs enquêtes

---

1. *Ibid.*, p. 139.

embarrassantes pour les puissants avaient de fortes chances d'être enterrées et que, en prime, eux-mêmes risquaient sérieusement de finir leur carrière comme substitut du procureur à Hazebrouck[1].

Ces arguments n'étaient plus très convaincants à partir du milieu des années 1980, quand la déferlante des « affaires » — dont on ne précisa plus qu'elles étaient politico-financières — s'abattit sur la Mitterrandie, emportant avec elle nombre d'illusions. Quelles qu'aient été les tentations des politiques, on n'imaginait plus guère un retour des magistrats aux ordres. Et ceux que leurs préférences politiques ou leurs ambitions inclinaient à se montrer accommodants savaient qu'ils couraient le risque de voir leurs exploits portés sur la place publique, comme en témoigna à l'automne 1996, le réjouissant récit, publié par toute la presse à la suite du *Canard enchaîné*, des aventures hélitreuillées de Laurent Davenas, procureur de Créteil, rapatrié en urgence de l'Himalaya où il passait ses vacances pour mater un subordonné récalcitrant et sauver la mise de Xavière Tibéri dans une sombre affaire de vrai-faux rapport grassement rétribué. Pour les magistrats, les médias pouvaient donc fonctionner comme une arme de dissuasion.

Sans faire preuve d'un esprit particulièrement soupçonneux, on peut supposer que quelques magistrats (qui se trouvaient parfois être des magistrates) reti-

---

[1]. Nous n'avons bien sûr rien contre l'honorable cité de Hazebrouck et connaissons l'importance des substituts. Mais, dans les années 1970, le précédent d'une mutation a créé l'expression, restée fameuse parmi les magistrats.

raient un plaisir certain et peut-être vaguement trouble de leur puissance toute neuve ; ils ne détestaient pas toujours la notoriété et les hochets qui vont avec. D'où les perquisitions menées au milieu d'une forêt de caméras, les rédactions ayant été dûment convoquées la veille. Il fallait bien aider la presse à travailler.

À l'évidence, il y avait de la jubilation à médiatiser ces départs en voiture des magistrats, un carton sous le bras, ou bien ces sorties précipitées des palais de justice. Il n'est pas si facile de résister à la perspective de faire mordre la poussière aux puissants, surtout lorsque l'on s'arroge, en prime, le rôle du chevalier blanc. Pourquoi les magistrats se seraient-ils gêné dès lors que le public, émoustillé par le goût du sang (vieux fond robespierriste français ?), en redemandait ? Il faudra près d'une quinzaine d'années d'affaires sans fin, dont les dénouements judiciaires ne furent pas à la hauteur des manchettes initiales, pour que le peuple se lasse de ce spectacle qui, bien plus que l'agora démocratique dont les journalistes se targuaient d'être les garants, évoquait les jeux du cirque. Entre-temps, le tribunal du « 20 Heures » aura condamné sans relâche tandis que nombre de coupables supposés – dont certains s'avéreront innocents – auront été cloués au pilori moderne qu'est alors la « une » du *Monde.*

Procès-verbaux d'interrogatoires, souvent partiels, et autres documents atterrissent donc sur les télécopieurs des rédactions... Les journalistes doivent tout de même se donner la peine de les recopier. Les pièces provenant des instructions, plus précisément celles qui sont à charge, sont considérées par nos grands investigateurs comme d'inestimables « biscuits », ce qui, dans le jargon, équivaut pratiquement à des preuves. Combien d'entre eux se rappellent-ils en écrivant leur papier que l'instruction a pour but de préparer le procès et non pas de rendre la sentence ? « Nous sommes devenus les relais des juges qui fouillaient dans les allées du pouvoir », reconnaît aujourd'hui Éric Decouty, auteur de plusieurs scoops à *InfoMatin*, puis au *Parisien* et au *Figaro*. Admirateurs d'Edwy Plenel, qui jouait le rôle du « meilleur d'entre nous », les investigateurs – outre Éric Decouty et Laurent Valdiguier, au *Parisien*, Armelle Thoraval et Karl Laske, à *Libération*, Hervé Gattegno, au *Monde* – ont bel et bien été les alliés objectifs de juges engagés dans un combat sans merci contre le pouvoir politique, comme Éric Halphen, Éva Joly ou Renaud Van Ruymbeke. Cette convergence entre journalistes et juges tombait bien : la contrainte de rentabilité pesant de plus en plus lourdement sur les rédactions, les hiérarques étaient très demandeurs de scoops, mais à condition de ne pas en payer le prix.

Mentalité des acteurs, configuration politique, impératifs financiers, avidité du public : tous les éléments étaient réunis pour que l'investigation, investie d'une légitimité morale démesurée, opère comme le catalyseur d'un journalisme à sensation. Quelques années seulement après la « glorieuse » affaire Greenpeace, la décennie 1990 fut rythmée par les dérapages de l'investigation – dérapages dont *Le Monde* ne détient pas l'exclusivité. L'un des plus remarqués fut sans doute la publication, par André Rougeot du *Canard enchaîné* et Jean-Michel Verne, de la fameuse enquête sur « Encornet et Trottinette » qui désignait à tort François Léotard et Jean-Claude Gaudin comme les responsables de l'assassinat du député varois Yann Piat[1].

Pendant plus de dix ans, responsables politiques et, dans une moindre mesure, grands patrons sont jetés en pâture au public sans que leur soit laissée la moindre chance de se défendre, dès lors que « l'investigation » est fondée sur des informations livrées par une source unique et que leur point de vue, quand il est publié, est toujours assorti de considérations destinées à le démolir.

Le secret de l'instruction est mort, clament, faussement navrés, magistrats, avocats et journalistes, suivant la bonne vieille logique du chien que l'on accuse d'avoir la rage quand on veut le tuer. Il est vrai que la Cour de cassation, validant la jurisprudence de la Cour européenne des droits de l'homme[2], décide qu'on ne saurait obliger un journaliste à révéler ses sources, même si lesdites sources l'ont conduit « dans le mur ». Au passage, cela signifie que les journalistes bénéficient d'une relative impunité, y compris quand ils se font mener en bateau : à supposer qu'une de leurs victimes décide de se retourner contre eux, ils pensent se défausser sur des sources certes fautives, mais anonymes — tout en faisant valoir leur bonne foi[3]. Dans tous les cas, il est impossible de prouver la violation du secret de l'ins-

---

1. *L'Affaire Yann Piat*, Flammarion, 1997. Le livre a été interdit en octobre 1997 sur décision de justice.
2. La Cour européenne des droits de l'homme a condamné la France en 1999, jugeant que la condamnation d'un journaliste pour « recel de document provenant de la violation du secret professionnel » constitue une « ingérence » de l'autorité judiciaire dans la liberté d'expression.
3. Encore que, en décembre 2007, l'affaire Guillaume Dasquié, journaliste d'enquête mis en garde à vue et sommé, par des pressions directes, de « donner » certaines de ses sources sous peine de se voir mis en exa-

truction, ce qui permet à tout le monde de se laver les mains. On ne peut rien faire ! L'argument ne tient pas debout : s'il est impossible de sanctionner la violation, on voit mal ce qui empêche les juges de punir ceux qui se rendent coupables de recel de violation du secret de l'instruction, c'est-à-dire les médias. Ou, plutôt, on le voit trop bien : quel magistrat oserait prendre le risque d'être épinglé comme « ennemi de la démocratie » ? Jean-Yves Montfort, qui a été l'un des plus brillants présidents de la 17e chambre correctionnelle du tribunal de Paris – dite chambre de la presse – a reconnu, lors d'une émission de radio[1], que sa priorité était de protéger les journalistes contre les abus des pouvoirs plutôt que de sanctionner les abus de pouvoir commis par les journalistes.

Exit, donc, le secret de l'instruction. Le problème est qu'il n'est pas un ornement procédural, mais la condition de la présomption d'innocence, laquelle est le fondement de notre philosophie de la justice. Habités par l'ambition exaltante d'offrir à la France son opération « Mains propres », les investigateurs n'en ont cure. Leur droit d'informer ne saurait connaître davantage de limites que le droit de savoir du public. Leur exigence de transparence et leur désir de voir enfin s'imposer une justice intraitable avec les puissants les délivrent de tout souci quant aux conséquences de leurs révélations. Voilà comment est non pas seulement traitée, ce qui serait

---

men et emprisonné, montre que le pouvoir étatique est susceptible de rechutes étonnantes autant que condamnables.
1. « Faut-il limiter la liberté d'expression ? », « Le Premier Pouvoir » sur France Culture, le samedi 15 janvier 2005.

normal, mais surexploitée, à la « une » des journaux, l'investigation sur le prêt sans intérêt accordé à Pierre Bérégovoy par un homme d'affaires proche de l'Élysée, Patrice Pelat, qui aboutit, le 1ᵉʳ mai 1993, au suicide de l'ex-Premier ministre de François Mitterrand. Lors des obsèques de celui-ci, le Président prononce un discours vibrant dans lequel il évoque « l'honneur d'un homme livré aux chiens ». Le cynisme peut faire bon ménage avec l'émotion – après tout, François Mitterrand ne pouvait guère postuler à un prix de vertu.

Pour la première fois, et sans doute la dernière – à la tête de l'État –, un dirigeant politique osait s'attaquer frontalement aux journalistes, érigés en ennemis. Le face-à-face dura des années ; il se conclut par la défaite en rase campagne des politiques qui acceptèrent de se soumettre sur les plateaux de télévision ou sur les ondes à d'humiliants interrogatoires.

Les médias vont instruire le procès du Crédit lyonnais sans jamais donner au public les moyens de comprendre les contraintes qui pesaient sur les dirigeants de la banque nationalisée, dont l'une des missions était de soutenir les entreprises, notamment les PME, face à la récession, et, accessoirement, d'aider quelques « amis » à financer de juteuses opérations. Dans cette affaire, les médias choisissent d'emblée de faire porter le chapeau aux banquiers.

Le scoop n'attend pas. Dès que l'ombre d'un soupçon se porte sur un ministre, le chœur des journalistes le somme de rendre son tablier[1]. Bien sûr, il y

---

[1]. Un peu moins, peut-être, depuis l'élection de Nicolas Sarkozy. Ainsi, la nomination de Bernard Laporte, cité comme associé de la chaîne de restaurants Olé bodega, société sur laquelle la direction nationale d'enquête fiscale (DNEF) a rendu un rapport en mars 2007 constatant une

à cette présomption d'innocence, dont on rappelle volontiers qu'elle bénéficie à l'intéressé, tout en expliquant qu'elle ne peut pas vraiment lui bénéficier dès lors que les collaborateurs de César doivent être aussi insoupçonnables que sa femme. Bien avant que l'instruction de leur dossier n'ait été close, plusieurs ministres de gauche ou de droite furent contraints de démissionner sous la pression médiatique, qui finit par créer une « jurisprudence » tout aussi médiatique. Le cas le plus frappant fut sans doute celui de Dominique Strauss-Kahn, dont *Le Monde* réclame la tête en octobre 1999 après l'avoir encensé, privant la France d'un ministre des Finances pour lequel le journal n'avait pas, quelques semaines plus tôt, de qualificatifs assez élogieux. Dans l'affaire de la MNEF, DSK sera entièrement innocenté. Mais, pour le gouvernement Jospin, le mal était fait.

À la fin des années 1990, on a l'impression que la machine s'emballe et réclame sa pitance en coupables, telle une divinité à laquelle il faut sacrifier un nombre croissant de victimes pour apaiser sa colère. Et si le monde politique ne fournit pas suffisamment, on ratisse plus large, pour accuser, par exemple, un malheureux universitaire de harcèlement sexuel à l'encontre d'une de ses doctorantes – dont il était proche depuis des années[1]. La « moraline » médiatique est tout-terrain.

---

double comptabilité, du travail au noir, des fausses factures et des prélèvements directement effectués dans la caisse, a-t-elle suscité peu de commentaires ; le secrétaire d'État a, par ailleurs, été mis en examen pour trafic d'influence. (Voir notamment l'article « Laporte obtient la grace présidentielle », marianne2.fr, 5 novembre 2007.)

1. Il s'agit en l'occurrence du cas d'Hervé Lebras. Voir Pierre Péan et Philippe Cohen, *La Face cachée du* Monde, chapitre « Le Monde tel qu'il hait », *op. cit.*

Bref, les journalistes sont comme enivrés par leur propre puissance, ce qui ne les empêche nullement de se dépeindre sous les traits de héros faibles mais intrépides, qui ne redoutent pas de livrer un combat inégal. Le pouvoir a changé de camp, mais il faut feindre de n'avoir rien vu, et même se déchaîner contre ceux qui osent évoquer le sujet. « La question du pouvoir des médias ne m'intéresse nullement », déclare la délicieuse Géraldine Mulhmann, politologue et spécialiste du journalisme fort bienveillante envers son objet, devant une assemblée de médiologues interloqués. La scène se déroule en 2003, alors que cette question, précisément, passionne la société. Circulez, il n'y a rien à voir. Personne en vue pour garder les gardiens. En l'absence de tout contre-pouvoir, les journalistes sont presque naturellement conduits à abuser de la liberté qu'ils ont conquise.

Une litanie d'articles à charge, fondés sur le soupçon érigé en principe, allait déconsidérer l'investigation. Des révélations d'Edwy Plenel, le 27 août 1991, sur la prétendue – et parfaitement imaginaire – « valise de billets » expédiée de Panama pour financer le Parti socialiste français[1] à la rocambolesque enquête d'Hervé Gattegno, fin 2002, sur le mystère de la chambre du Président[2], le journalisme d'investiga-

---

1. *Cf.* Pierre Péan et Philippe Cohen, *La Face cachée du* Monde, *op. cit.*, chapitre « Le faux scoop de Panama ».
2. *Ibid.*, pp. 225-226. L'enquête, qui prétend établir que François Mitterrand entendait s'acheter une luxueuse villa à Antibes, s'étale sur deux pleines pages du *Monde* daté des 8 et 9 décembre 2002. Quelques jours plus tard, une lettre laconique d'André Rousselet, établissant que le président était en voyage officiel le jour où, selon Hervé Gattegno, il était censé visiter ladite villa, a ruiné l'incroyable et fragile échafaudage de l'ex-grand reporter du *Monde*...

tion paraît avoir un rapport de plus en plus éloigné avec le sens commun, ses représentants les plus estimés semblant prêts à avaler n'importe quel bobard.

Dans un ou deux siècles, les historiens se pencheront peut-être sur les deux scandales médiatiques qui ont probablement enterré ce journalisme de grand chemin, comme on s'est penché naguère sur l'affaire Salengro et le maccarthysme. Du reste, elles ont déjà suscité un vaste débat au sein même de la profession.

L'affaire Alègre, devenue l'affaire Baudis à la suite des allégations de deux prostituées qui s'exprimaient sous couvert de foulards et d'anonymat, abondamment relayées par les médias, est sans doute l'une des pages les plus noires de l'histoire du journalisme français. Bruay-en-Artois[1] à l'heure du village planétaire. Au printemps 2003, au nom de la transparence et de la démocratie, sur la foi des déclarations d'un tueur en série confirmées par deux anciennes prostituées masquées, des hommes qui avaient le tort d'être considérés comme des notables devinrent de la chair à audimat. Notables, coupables. La justice médiatique est expéditive.

Sexe, mensonges et politique : avec ses « puissants » accusés de viols et le récit de ses soirées sado-maso réunissant la bonne société toulousaine, le dossier Alègre tient ses promesses. Durant des

---

1. Fameuse affaire qui défraya la chronique en 1972 : des maoïstes de la Cause du peuple autoproclamés journalistes, emmenés par François Ewald (actuellement dignitaire de la Fédération Medef des Assurances) et Serge July, partirent en campagne contre un notaire « forcément coupable » de l'assassinat d'une femme du peuple.

mois, la France vit au rythme de supposées révélations reposant sur de vraies affabulations. Véritable chef de meute, le « subversif » Karl Zéro lit sur le plateau de Canal + une lettre du tueur en série qui prétend qu'un notable de la ville lui a demandé de commettre un meurtre. Le nom est « bipé », mais tout le monde comprend qu'il s'agit de Dominique Baudis, ancien maire de Toulouse, qui est alors président du Conseil supérieur de l'Audiovisuel. Jusqu'à ce que *Marianne* crache le morceau en expliquant que la rumeur circule dans toute la ville de Toulouse, les rédactions feront assaut d'hypocrisie, feignant de cacher l'identité du « notable » au nom de la présomption d'innocence : « On ne peut rien vous dire, sauf qu'il s'agit d'un ancien élu qui occupe de hautes responsabilités dans l'audiovisuel. » L'animateur du « Vrai Journal » parvient ensuite à convaincre l'une des prostituées de témoigner masquée, en lui faisant payer une voiture par un éditeur comme à-valoir[1] sur un ouvrage. Les médias sont l'« agora du ragot », selon la formule du chroniqueur du *Figaro* Ivan Rioufol. Et, justement, tout le monde veut sa part du ragot, les chaînes de télévision et la presse écrite se lançant dans une surenchère qui atteint bientôt son point culminant avec un article ahurissant : une « enquête » du *Monde* sur les parties fines organisées pour la bonne société toulousaine au château d'Arbas où des « anneaux à hauteur d'enfant », fichés dans un mur du bâtiment, suggèrent les perversions des grands bourgeois locaux... Au lecteur de faire travailler son ima-

---

1. Somme avancée par l'éditeur à un auteur à valoir sur les droits (pourcentage du prix de vente) de son ouvrage publié.

gination. On n'en saura pas plus sur ces enfants. Et pour cause. Tout est faux.

Cette affaire, qui ressemble à un précipité de toutes les dérives du métier, est particulièrement édifiante pour qui tente de comprendre la décadence des méthodes d'enquête. Contrairement à ce qui a pu se passer dans nombre de cas où les demi-vérités se mêlaient aux affabulations et aux « intox », la chasse au Baudis, aux magistrats et à quelques autres notables démarre en l'absence de tout élément factuel. Certes, Alègre incrimine Baudis dans les meurtres de prostituées commis plusieurs années plus tôt et classés dans des conditions étranges. Mais si une dénonciation suffit à transformer n'importe qui en suspect, nul n'est à l'abri de la calomnie.

Avec le recul, il est stupéfiant de constater que des journalistes chevronnés se soient si facilement laissés manipuler par leurs sources, comme l'a montré le journaliste Antoine Perraud dans un livre [1] qu'une classe journalistique peu encline à l'examen de conscience s'est abstenue de commenter ou de lire... L'acharnement de *La Dépêche du Midi*, propriété d'une famille Baylet à couteaux tirés avec le clan Baudis, aurait pourtant dû déclencher chez les investigateurs une sorte d'alarme intérieure. Or, rien de tel ne s'est produit. Emportés par la logique de leurs « révélations », stimulés par les ventes, l'audimat et la perspective d'être les tombeurs d'un « salaud », les journalistes se sont affranchis de toutes les règles qu'ils aiment tant brandir d'ordinaire, s'éloignant plus ou moins consciemment de l'artisa-

---

1. *La Barbarie journalistique : Toulouse, Outreau, RER D : l'art et la manière de faire un malheur*, Flammarion, 2007.

nat des « petits faits vrais » cher à Edwy Plenel. L'enquêteur avait pour règle de ne croire que ce qu'il voyait. L'investigateur voit ce qu'il croit. L'affaire Alègre-Baudis renverse totalement la logique de l'investigation. Ainsi le procureur de la République reconnaîtra-t-il sans fard que seule la pression médiatique l'a obligé à ouvrir une information judiciaire – « Alègre et tous autres », tout un programme – qu'aucune découverte policière ne justifiait. Ce ne sont plus des juges qui alimentent des journalistes, mais des journalistes qui sifflent un juge. On admettra qu'il n'y a pas de quoi pavoiser.

Reconnaissons cependant que la saga toulousaine semble au moins marquer la fin de l'impunité journalistique. Les extravagances de l'été 2003 ont eu de lourdes conséquences sur la carrière de leurs auteurs, en tout cas ceux qui s'étaient le plus « mouillés » dans cette sombre affaire[1]. On pouvait croire qu'elles avaient achevé de ternir le blason du journalisme d'investigation. Celui-ci va pourtant ressurgir, à partir de 2005, lors de l'affaire Clearstream – qui est tout sauf claire.

En deux ans, on a au moins changé de registre : l'ambiance « SAS » a cédé la place à celle d'un roman de John Le Carré. On ne va pas s'en plaindre.

Le 18 juillet 2004, *Le Point* annonce en « une » des révélations sur une « affaire d'État ». Pour le coup, l'hebdomadaire ne se trompe pas. Probablement tuyauté par l'entourage de Dominique de Villepin,

---

[1]. Le journaliste du *Monde* sera promptement invité à faire valoir ses droits à la pré-retraite. Quant à Karl Zéro, qui, pendant toute l'affaire, avait été chaudement soutenu par sa hiérarchie, il parvint à obtenir un sursis avant de se voir évincé de Canal + à l'automne 2006.

voire par ce dernier lui-même – qui est alors très proche de Franz-Olivier Giesbert –, l'hebdomadaire « révèle » l'existence de listings de personnalités titulaires de comptes pas très catholiques à la « banque des banques » luxembourgeoise. L'article insiste lourdement sur la présence dans cette liste noire des noms de responsables politiques en vue – vieille technique du « suivez mon regard ». Seulement, il apparaît bientôt que le listing est un faux. Rencardé, cette fois-ci, par le clan Sarkozy, le P-DG du *Point* en déduit que ce bidonnage a nécessairement été monté par Villepin et, par la même occasion, que le Premier ministre l'a manipulé. Pour Giesbert, qui s'estime personnellement trahi, l'épisode fournit à la fois le mobile et l'instrument de la vengeance. L'ensemble des médias embraye sur le dossier. Pendant plus d'un an, ils seront abreuvés par un seul des deux « camps » d'informations qu'ils publieront sans jamais les nuancer : du *Parisien* au *Monde*, la plupart d'entre eux concluent, avant les juges selon leur habitude, à la culpabilité de l'ancien Premier ministre. « La question de la démission du Premier ministre est posée », proclame la « une » du *Monde* le 30 avril 2005. Posée par qui ? Par *Le Monde*, pardi ! On le comprend, la « question » contient sa réponse.

Pendant plusieurs semaines, la France vit au rythme des révélations : les procès-verbaux d'audition des principaux protagonistes – Imad Lahoud, Jean-Louis Gergorin et le général Rondot – sont débités en tranches, comme s'ils devaient être équitablement répartis entre tous les journaux ; carnets secrets et notes manuscrites alimentent un véritable festival de scoops. Il y en a pour tout le monde. De quoi donner le tournis à défaut d'éclairer la lanterne des Français sur la véritable affaire Clearstream, celle qui prend sa source dans les coulisses de notre industrie d'armement et concerne les fabuleuses « rétro-commissions » versées lors de la vente de frégates françaises à Taïwan.

Pour les médias, la messe est dite. Et elle correspond fidèlement à la version de Nicolas Sarkozy, victime innocente, comme disait l'autre, d'une machination ourdie par son rival. On ne s'attarde guère sur une information qui tempère pourtant fortement cette version simple, peut-être trop : Nicolas Sarkozy a appris très tôt, bien plus tôt qu'il ne l'a dit, au printemps 2004, qu'il faisait l'objet d'une enquête de la DST. Il en a été informé par l'écrivain et chroniqueur Stéphane Denis, qui le tenait lui-même de son oncle, le général Rondot. Certes, cela ne dit rien sur l'auteur de la manipulation ni sur les éventuels bénéfices que certains ont pu espérer en tirer. En revanche, on peut au moins en déduire que le candidat à la présidentielle a largement surjoué l'indignation – sa sincérité a pourtant été attestée par l'intention qui lui a été attribuée de « pendre le coupable à un croc de boucher[1] ».

En réalité, on ne connaît toujours pas le fin mot de cette ténébreuse affaire, qui, avec ses espions en goguette, son (ou ses) corbeau(x), ses lettres anonymes réclamées par leur destinataire, a plus souvent ressemblé à une aventure des Pieds nickelés

---

[1]. La formule a été prêtée à Nicolas Sakozy par l'auteur de *La Tragédie du Président*, Franz-Olivier Giesbert. On ne saura jamais si, en l'occurrence, ce dernier a eu les « guillemets faciles » ou si l'actuel président a réellement annoncé cette fatwa contre ses ennemis.

qu'à un scandale d'État. À l'automne 2007, les apparences jouent contre Dominique de Villepin, que les trois « artistes » mis en examen, se retournant comme un seul homme, ont chargé au cours de l'été précédent, ce qui atténue leur responsabilité. La réalité est rarement aussi limpide que les apparences. Peut-être n'y a-t-il pas de gentils dans cette succession de coups tordus.

Seulement, la complexité du réel n'est pas le propos des fins limiers du journalisme d'investigation. Curieusement, ils ne se demandent pas ce qui motive leurs sources pour leur donner telle ou telle info, comme le confie un peu naïvement Hervé Gattegno sur France Inter en décembre 2006 : « Une manipulation consiste à faire publier des informations fausses. Or, nous publions des informations vraies. Quelqu'un a intérêt à nous donner l'information que nous lui demandons, car il ne faut pas croire qu'on nous appelle, nous allons les chercher. Cet intérêt, nous, on ne le connaît pas toujours ou on le découvre plus tard, mais on ne se pose pas la question, car un journaliste qui se poserait sans cesse la question de savoir pourquoi un informateur lui donne des informations passerait plus de temps à y réfléchir qu'à chercher des infos. » En somme, je suis manipulé, mais je m'en moque...

L'affaire Clearstream fait apparaître une nouvelle forme de relations entre la presse et la justice : la compétition. Pour les journalistes, il s'agit de faire parler les témoins avant les juges, et éventuellement plus que les juges. *Libération* se laissera aller à titrer « Ce qu'ils vont dire aux juges ». Magistrat à l'ancienne, un rien désabusé, le juge Thiel ironise : « La presse semble en mesure de fournir un PV à l'administration avant qu'il ne soit enregistré. »

Rappelons-nous les grands scoops qui ont marqué les riches heures du journalisme d'investigation : les Irlandais de Vincennes, l'affaire Farewell[1], les écoutes de l'Élysée[2], l'affaire Christine Deviers-Joncour-Roland Dumas[3], l'affaire Elf, les emplois fictifs de la Mairie de Paris, l'appartement d'Alain Juppé, l'affaire Tibéri, l'affaire DSK-MNEF[4], la cassette Méry, l'appartement d'Hervé Gaymard[5]... La plupart de ces affaires ont en commun, premièrement, d'avoir été des « feuilletons » journalistiques occupant des dizaines de « unes » de la presse et, deuxièmement, d'avoir été construites à partir d'une source unique. Chaque fois, les journalistes font l'économie d'une enquête, profitant des informations complaisamment délivrées par l'un des protagonistes du dossier, qui cherche à déstabiliser la partie adverse. Il est d'ailleurs significatif qu'il s'agisse parfois de magistrats instructeurs qui considèrent précisément leurs « suspects » comme des « ennemis ». La loqua-

---

1. Avec la « une » du *Monde* du 28 mars 1985 : « Document : comment les espions soviétiques travaillent à l'Ouest. »
2. Révélées par *Libération* le 4 mars 1993 avec la manchette : « Comment l'Élysée a écouté un journaliste. »
3. Ce fut la partie mineure mais médiatiquement très porteuse du scandale Elf. L'affaire Dumas fit l'objet de cinquante-deux « unes » du *Monde* jusqu'à ce qu'un tribunal condamne l'ancien ministre à 10 000 francs de dommages et intérêts.
4. Révélée par *Libération* et *Le Parisien* dans leurs éditions du 29 octobre 1999. Après que tous les médias se sont lancés dans une chasse au DSK, ce dernier doit démissionner de son poste de ministre avant d'être innocenté par la justice plusieurs mois plus tard.
5. Révélé cette fois par *Le Canard enchaîné* le 16 février 2005 : « Gaymard ne loge pas vraiment à l'économie. »

cité des juges était, au départ, fondée par la nécessité de déjouer les pressions du pouvoir politique. De telles tentatives de verrouillage ont manifestement eu lieu dans le cas des dossiers concernant la Mairie de Paris ou les frégates de Taïwan[1]. Mais, depuis lors, l'indépendance de la justice a été proclamée et établie. En réalité, le risque de voir les « affaires » enterrées a été un alibi commode pour monter nombre de procès médiatiques dans lesquels les prévenus, décrétés coupables par avance, ne pouvaient se défendre. Le journalisme d'investigation a ainsi accouché d'un monstre, la tyrannie médiatique, qui fait peur à nombre d'hommes et de femmes politiques.

Le journalisme d'investigation est donc peu à peu devenu un journalisme manipulé : à se fonder sur l'un des protagonistes, on est conduit soit à prendre parti, soit à devenir la marionnette d'un pouvoir, qu'il s'agisse d'une écurie politique, d'un juge qui veut régler ses comptes ou d'une fraction de la police. Le point d'orgue de cette évolution fut la campagne présidentielle de 1995, qui vit les deux clans de la droite, les balladuriens et les chiraquiens, nourrir les rédactions de scoops concernant soit la Mairie de Paris, soit le Premier ministre ou des membres de son équipe.

L'enquête telle qu'elle se pratiquait avant l'avènement de l'investigation exigeait une certaine prudence. Le journaliste se demandait pour quelle raison et dans quel intérêt on lui donnait une information. Elle impliquait aussi de donner la parole,

---

1. Dans ce dernier cas, le secret-défense a été opposé aux investigations de la justice.

longuement, à la partie mise en cause. Dans bien des cas, ces principes sont, depuis vingt ans, allègrement piétinés. Seule précaution, on glisse, au terme de cinq ou dix feuillets « à charge », la phrase rituelle selon laquelle « monsieur X, contacté par la rédaction, n'a pas souhaité répondre » ou, simplement : « Nous n'avons pas pu joindre monsieur untel. » Au nom de la « concurrence » – « dans trois jours, le "scoop" sera sorti ailleurs » – d'une vision étriquée de la justice – si DSK a antidaté sa facture, il doit être condamné [1] – ou encore d'une morale rudimentaire – « Les Français ont le droit de savoir quelle est la surface des appartements dont bénéficient les ministres » – ont été instaurées peu à peu des pratiques hâtives et inéquitables, la tyrannie médiatique surfant habilement sur la « liberté de la presse ». Les journaux mentent, les journalistes se trompent ? Et alors, on ne fait pas d'omelette sans casser des œufs ! Dans le doute, la 17e chambre, qui traite des affaires de presse, trouvera aux fautifs toutes les circonstances atténuantes, parées du label judiciaire de la « bonne foi [2] ». Au passage, les pires préjugés contre la classe politique (« Tous pourris ») et contre la démocratie, déjà fort prégnants dans la société depuis que le clivage entre droite et gauche est frappé de désuétude, s'en sont trouvés confortés.

---

1. Il s'agit de la fameuse facture adressée à la MNEF et mettant en cause l'ex-ministre de l'Économie. En réalité, tous ceux qui connaissent le monde des affaires savent que la modification des datations y est une pratique courante.
2. Dans les affaires de diffamation, les journalistes peuvent gagner « sur le fond » ou faire simplement la preuve qu'ils ont conduit leur enquête de façon sincère, en sollicitant toutes les parties, ou en s'appuyant sur des documents qui valident la thèse publiée.

Ainsi le discrédit du politique a-t-il été le prix à payer de la fortification du pouvoir médiatique.

Mais le journalisme d'investigation ne s'est pas évanoui par la grâce d'un retour de la morale ou des principes du journalisme : si les « investigations » disparaissent peu à peu des journaux, c'est en premier lieu parce que le public s'est lassé des scoops et des feuilletons judiciaires. Et, pour finir, l'affaire Clearstream, son aspect abscons et impénétrable, son sens introuvable ont donné la nausée aux lecteurs.

La fin du journalisme d'investigation ne semble pas annoncer cependant un retour aux grandes enquêtes. Question de moyens, d'abord : il est frappant de constater à quel point le journaliste est aujourd'hui confronté à des contraintes de productivité. À l'heure des « audits », les journalistes ont vu débarquer dans les rédactions de petits hommes gris à calculette qui établissent des ratios de feuillets[1] par rédacteur. Mais le souci de rentabilité (ou la paresse que dénoncent certains directeurs de rédaction découragés) n'explique pas tout. Dans la mesure où le ministre ou le chef de parti symbolise « le » pouvoir dans l'imaginaire français, la plupart des journalistes sont très sourcilleux sur les abus de pouvoir des hommes politiques. Pourtant, il s'avère plus facile de « dégommer » un Henri Emmanuelli ou un Hervé Gaymard[2] que de s'en prendre à un Martin

---

1. L'unité de compte d'un article, soit 1 500 signes par feuillet, intervalles compris.
2. Pas de faux procès : nous n'entendons pas ici défendre les intérêts « résidentiels » de l'ancien ministre, mais constater l'énorme écart de traitement entre des « abus de pouvoir » inacceptables mais ponctuels, et peu significatifs, et des abus de pouvoir permanents et avérés de dirigeants de grandes entreprises françaises.

Bouygues ou à un François Pinault. Il faut donc se poser la question : pourquoi la curiosité des journalistes — à de louables exceptions près [1] — est-elle souvent davantage orientée vers le pouvoir politique que vers le pouvoir économique ? Précisément parce que le premier constitue une cible plus facile. Les spécificités du pouvoir actionnarial dans les médias fournissent une autre explication. Un bref retour en arrière s'impose.

Nous sommes en février 2006. Denis Jeambar vient d'envoyer le bon à tirer de *L'Express*. À la « une », l'affaire des caricatures de Mahomet. La sonnerie de son portable retentit. Au bout du fil, son actionnaire Serge Dassault :

« Je viens de voir la "une". Vous ne pouvez pas me faire ça. Je suis en train de vendre des Rafale à l'Arabie Saoudite. Vous allez tout faire capoter. On refait la "une"...

— C'est comme vous voulez, mais les rotatives tournent. Ce n'est pas moi, mais vous qui allez téléphoner à l'imprimeur. Et, pour la suite, vous vous débrouillerez sans moi... Je vous avais prévenu : on ne peut pas faire de presse dans votre position ! »

L'échange entre le patron de presse et le patron d'industrie, qui précède de peu la cession par Dassault du groupe Express au groupe belge Roularta, témoigne de la fréquence des conflits d'intérêts dans le monde des médias. La presse est considérée dans notre pays comme une source d'influence, au carrefour de la vie des affaires et du monde politique. Pre-

---

[1]. À l'automne 2007, les enquêtes sur EADS et sur les caisses noires de l'UIMM, publiées par Anne Salomon et Éric Decouty dans *Le Figaro* augurent peut-être un changement de cap.

nons l'exemple du groupe Lagardère. Dans les années 1970 et 1980, l'empire de Jean-Luc Lagardère s'est développé à partir de deux piliers : le secteur de l'aéronautique et de l'armement d'une part, et celui des médias d'autre part. Le groupe Hachette est le premier opérateur de la distribution de journaux, *via* les Nouvelles Messageries de la Presse Parisienne (NMPP), et il possède à la fois la radio des élites françaises, Europe 1, des magazines, dont les prestigieux *Paris Match* et *Elle*, *Le Journal du dimanche*, ainsi que nombre de quotidiens de province. Traditionnellement proche de la droite, le groupe a su s'adapter à l'alternance. Quelles que soient les pratiques réelles de ses dirigeants, la co-présence, dans un même groupe, d'activités relevant des commandes de l'État et de médias alimente une suspicion légitime : le pouvoir politique peut être tenté de commander des avions pour bénéficier de la mansuétude des journaux, et la direction du groupe de manifester une certaine complaisance à son endroit, d'autant que l'État intervient de multiples façons dans le secteur des médias : octroi de fréquences, subventions diverses, notamment aides à la distribution et à l'expédition des numéros aux abonnés, etc. On touche ici la racine du conflit d'intérêts dans le monde des médias.

L'histoire récente abonde en épisodes manifestant la connivence entre les univers politique et médiatique. La privatisation de TF1 et son rachat par le groupe Bouygues en 1986 ont marqué le début d'une collusion à grande échelle : la chaîne s'engage résolument au côté d'Édouard Balladur dans la campagne présidentielle de 1995, lequel l'a remerciée par anticipation en lui octroyant une deuxième coupure publicitaire pendant la diffusion des films, ainsi qu'une licence pour la téléphonie mobile. L'enquête de Pierre Péan et de Christophe Nick, publiée en 1997[1], dévoile l'état d'esprit qui préside au lancement de la chaîne d'information LCI : à TF1, la mission de remercier les grands décideurs, chefs d'État et ministres, à la petite chaîne d'information d'honorer les clients « secondaires », collectivités locales et représentants des petits pays (d'où son surnom, la « chaîne des invités »). Dès lors, les systèmes Lagardère et Bouygues donnent des idées aux autres dirigeants de groupes industriels. Bientôt, l'évidence s'impose dans l'*establishment* selon laquelle la possession d'un média constitue une arme incontournable pour se faire entendre des décideurs politiques et respecter du « milieu ». Aussi les deux grandes sociétés du secteur de l'eau, la Générale des Eaux et la Lyonnaise des Eaux, ont-elles pris toutes les deux respectivement en 1987 des « positions » dans les médias, la première dans M6 et la seconde en s'offrant Canal +, *L'Express* et *Le Point*. Et lorsque Jean-Marie Messier, peu avant l'an 2000, vend *Le Point* et *L'Express*, c'est à encore deux industriels : François Pinault devient propriétaire du *Point* tandis que Serge Dassault, profitant de la maladresse du *Monde*, auquel Messier destinait tout d'abord son magazine, emporte *L'Express* (revendu en 2005 à Roularta). Ainsi l'ennemi numéro un de François Pinault et son principal concurrent dans le secteur du luxe, Bernard Arnault, du groupe LVMH, a-t-il acheté *La*

---

1. *TF1, un pouvoir*, Fayard, 1997.

Tribune en 1993, quotidien économique qui n'a jamais pu parvenir à l'équilibre de ses comptes, avant de se payer *Les Échos* à un prix défiant toute logique économique[1].

En devenant l'arme atomique ou la danseuse des *condottieri* de l'industrie et du commerce, les groupes de presse s'éloignent du fonctionnement d'une entreprise normale : s'il ne s'agit plus de faire des profits en gagnant des lecteurs, mais de tenir en respect ses concurrents et le pouvoir politique, la gestion devient alors secondaire. Et les pertes supportables. Qui croira que le rachat d'*InfoMatin* en 1994 par André Rousselet visait à autre chose qu'à se venger d'Édouard Balladur, qui l'avait « tuer », l'évinçant de Canal +, « son » bébé, dont il était si fier ? Que pèse le déficit de 12 millions d'euros de *La Tribune* dans les comptes du groupe LVMH ? Qui croira que le richissime Serge Dassault, qui négocie des commandes de milliards d'euros, souhaitait gagner de l'argent en rachetant *Le Figaro* au groupe Hersant ? Qu'importent à Vincent Bolloré les déficits de sa chaîne Direct 8, lancée en 2005 avec la TNT (Télévision Numérique Terrestre), de ses journaux gratuits *Matin Plus* et *Direct Soir*, en regard des immenses profits générés par le cœur de métier de son groupe ? Alain Minc a déclaré un jour que son engagement au *Monde* était sa *mitsvah*[2]. Cette générosité s'est toutefois révélée fort bénéfique pour la prospérité de sa société puisqu'elle comptait parmi ses clients des dirigeants d'entreprises présentes au

---

1. Voir chapitre 4, partie 3 « Entre révolte et servitude » : « La bataille des *Échos*. Sociétés des journalistes : le retour ? », p. 173.
2. Bonne action, en hébreu.

capital du groupe Le Monde[1]. Qui pourrait penser qu'Édouard de Rothschild s'est payé le quotidien *Libération* pour s'enrichir, quand cette petite folie l'a déjà « allégé » d'une bonne quarantaine de millions d'euros ?

Ainsi de grands groupes ayant de multiples relations avec l'État et les collectivités locales (Bouygues, Lagardère, Dassault, Bolloré), des industriels soucieux de se faire respecter (Édouard de Rothschild, Bernard Arnault, François Pinault) et des groupes de presse étrangers – Roularta, Mondadori (groupe de presse de Berlusconi, qui vient de racheter le groupe Emap, dont le titre phare est *Télé-Poche*), Bertelsmann, Pearson, Metro International, Schibsted (propriétaire du gratuit *20 Minutes*) –, fort désireux de ne pas « se mêler » de la politique française, se partagent-ils aujourd'hui le monde des médias français. Dans ce paysage très décalé par rapport à la norme internationale, on comprend la perplexité des investigateurs. Publiée dans le quotidien économique *La Tribune*, une enquête sur le groupe Artémis de François Pinault serait perçue comme un Scud de son rival Bernard Arnault. Bien entendu, on ne trouvera nulle trace de censure ou de consignes restreignant la liberté éditoriale des rédacteurs. La chose est entendue. Un journaliste économique du *Point* ou du *Figaro* (et peut-être du *Monde* ou du *Nouvel Observateur*) sait bien quels sont les sujets qui fâchent – et qui peuvent nuire à sa carrière. Le réflexe même

---

1. Voir sur ce point les ouvrages de Stéphane Marchand, *Le Commerce des illusions* (Lattès, 1999), de Philippe Cohen et Pierre Péan, *La Face cachée du* Monde (Mille et une nuits, 2003), et de Laurent Mauduit, *Petits conseils* (Stock, 2007).

de ne pas y penser (aux sujets qui fâchent) devient une seconde nature du journaliste aguerri.

C'est le lecteur (et le citoyen) qui fait les frais de ce système d'omerta et de connivence. Car il a fort peu de chances de découvrir dans son journal des enquêtes fouillées sur tous ces grands patrons actionnaires des médias. Non seulement parce qu'ils sont propriétaires de journaux ou de chaînes de télévision, mais aussi parce qu'ils sont des annonceurs réguliers, catégorie actuellement en voie de raréfaction dans la presse écrite. Aucun lecteur de la presse quotidienne régionale (PQR) n'a la moindre chance de lire des enquêtes un tant soit peu sérieuses sur la grande distribution alors que son journal devrait lui expliquer pourquoi il peut trouver des jeans à deux euros dans les rayons de son hypermarché le plus proche. L'explication de ce manque de curiosité est simple : la grande distribution représente une part substantielle – jusqu'à 50 % – des recettes publicitaires de la PQR.

Cette situation pèse sur le travail des journalistes : dès lors que les enquêteurs savent pertinemment qu'il existe une « caste d'intouchables », pourquoi s'en prendraient-ils aux autres ? Ainsi l'ardeur des reporters de *Match* qui souhaitaient enquêter sur Clearstream a-t-elle été refroidie. Ceux du *Point* ne se sont jamais risqués à évoquer le groupe Pinault, tandis que ceux de *La Tribune* sont gênés chaque fois qu'ils doivent écrire sur le groupe LVMH. Les lecteurs de *L'Équipe* dont le groupe propriétaire est aussi le patron du Tour de France, ont dû attendre fort longtemps avant que leur journal ne s'intéresse au dopage. Et les téléspectateurs de Canal + sont privés des portraits acidulés que la chaîne diffusait voici quelques années encore.

Ces sujets « interdits » par consentement mutuel et tacite montrent que, si les journalistes continuent à se plaindre – parfois avec juste raison – des « pressions politiques », le monde des affaires a su préserver son espace de toute incursion trop insistante de façon à la fois plus discrète et plus efficace.

La liberté des journalistes est ainsi faite qu'il est difficile à un rédacteur – sauf s'il est particulièrement cynique, ce qui arrive – d'accepter durablement d'enquêter à charge sur certaines cibles tout en épargnant d'autres personnalités. Du coup, le traitement de l'économie et de la politique a suivi peu à peu la pente la plus facile : le sommaire des journaux, télévisés ou écrits, colle à l'agenda des pouvoirs institués. Voilà comment les journalistes se transforment progressivement et à leur insu en simples relais des communicants.

Partie II

Après le communisme, le journalisme

1

De la politique au médiatique

L'idéologie, voilà l'ennemi – l'insulte suprême, qui suggère simultanément discrédit professionnel et disqualification morale. Accuser un journaliste de « faire de l'idéologie » revient à le priver d'une légitimité durement conquise, ou plutôt reconquise. Sortir du XXe siècle : cette tâche que l'on avait de bonnes raisons de trouver urgente, les journalistes s'y sont attelés avec une vingtaine d'années d'avance, se délestant, dans le cours des années 1980, de toutes les passions qui avaient causé leur décadence pour n'en conserver qu'une, celle de l'Information. Le journaliste moderne se contente, du moins le pense-t-il, de tenir bien droit le miroir dans lequel le monde se reflète, puis de livrer au public sa reproduction parfaite. Il est cependant permis et même recommandé de soulever les tapis et d'ouvrir bien grands tous les placards où se cachent les vilains petits secrets de l'humanité. Quand il s'agit de dévoiler ce qui est interdit au regard, d'éclairer ce qui est sombre, on n'en fait jamais trop.

Ce journalisme de dévoilement n'a plus grand-chose à voir avec le métier que certains voudraient encore exercer, artisanat du réel qui conjugue l'expérience sensible et la distance critique, mobilise la raison et la capacité de jugement – ce qui n'exclut ni l'adhésion, ni la conviction. La première vertu du journaliste serait, en somme, de n'avoir pas d'idée. Notons au passage que l'idéal de neutralité permet de séparer le bon grain du fait de l'ivraie du commentaire, et accessoirement, de dénoncer les contrebandiers du métier, ces désinformateurs qui profitent de leur carte de presse pour glisser en douce leur vision du monde.

Il serait absurde de récuser en bloc cette mutation qui a peut-être accompagné l'entrée de la profession dans l'âge de raison. La conception d'un journaliste *intermédiaire* et non *médiateur*, qui *reproduit* plutôt qu'il ne *représente*, a de quoi rassurer tous ceux que les errements ou les désillusions du passé ont vaccinés contre la croyance en des lendemains qui chantent. *Facts, only facts ?* On en conviendra, mieux vaut s'effacer devant les faits que les torturer.

Se taire donc, pour ne pas mentir. Le problème est que cette modestie affichée masque à nos yeux l'extraordinaire changement intervenu sans que nous en ayons conscience. Plus pessimiste encore que nous ne le sommes, Jacques-Marie Bourget, reporter à *Paris Match*, écrit justement : « Nos journaux se sont libérés. Ils ne sont plus ce qu'ils ont parfois été : des machines à tordre les consciences de salariés à carte de presse. Maintenant, ceux qui pratiquent le "nouveau journalisme" livrent sans douleur une information qui leur convient. Car, comme la presse, les journalistes ne sont plus les mêmes[1]. » L'hypothèse que nous nous proposons

---

1. Voir Jacques-Marie Bourget, « La Mort du regard », in *Les Cahiers de médiologie,* « Croyances en guerre », Gallimard, n° 8, 2ᵉ semestre 1999.

d'explorer dans les pages qui suivent est que le journalisme, ayant renoncé aux pompes de l'idéologie comme d'autres à celles de Satan, est devenu par là une idéologie.

Il faut dans un premier temps envisager le journalisme comme une croyance, peut-être l'ultime croyance d'une époque qui se pense incroyante. Le journalisme ne croit qu'en ce qu'il montre, c'est-à-dire en un monde intégralement lisible. En somme, il est une croyance qui se mord la queue puisqu'il est l'objet même de cette croyance.

Il est donc question d'une croyance laïque qui ne se réfère pas à une divinité transcendante, mais au contraire à un réel purement *immanent*, susceptible d'être entièrement arraisonné, appréhendé et restitué par l'objectif de la caméra. D'où ce paradoxe qui a tout d'un bras d'honneur de l'Histoire : délivré de ses accointances avec les idéologies qui prétendaient changer le monde, le journalisme est devenu une idéologie. Le journalisme est un *-isme*.

La lecture du journal a cessé, on le sait, d'être la prière de l'homme moderne. En revanche, le public de la presse comme des médias audiovisuels se plaint avec constance d'être sermonné plutôt qu'informé. Arrêtez de nous donner des leçons ! – son agacement se manifeste fréquemment. Alors que le discours journalistique prend souvent des accents de liturgie, voire de prêchi-prêcha, que le corps des journalistes se comporte comme un clergé chargé de propager la bonne parole, il est tentant, comme l'ont fait Régis Debray[1] et d'autres, d'en appeler à l'étude des religions pour comprendre ce qui se joue dans notre métier. D'autant plus tentant que, sur fond d'idéologie des droits de l'homme, le journalisme a

---

1. Voir notamment *L'Emprise*, Gallimard, coll. « Le Débat », 2000.

recyclé la charité chrétienne en se faisant le champion des victimes. « Il est normal qu'un journaliste soit du côté des victimes », déclarait un reporter américain au sujet de la guerre de Bosnie. Après tout, la défense des faibles contre les puissants est inscrite dans le code génétique du métier. Il est moins « normal », pour reprendre les termes de cet excellent confrère, que cette pitié pour les faibles impose de repeindre le réel en affrontement entre le Bien et le Mal. Et moins « normal » encore que tous ces louables sentiments conduisent à habiller en nazi quiconque ose contester le tableau. La pitié, comme la piété, produit généralement une piètre pensée.

Reportons-nous à l'hiver 1996. Le Premier ministre Alain Juppé, usé jusqu'à la corde, essaie avec son ministre de l'Intérieur Jean-Louis Debré de procéder à un toilettage des lois Pasqua sur l'immigration et notamment d'en finir avec la catégorie des « ni-ni » (ni expulsables ni régularisables). L'amendement – malheureux, il est vrai – qui constitue en délit l'hébergement d'un étranger en situation irrégulière met le feu aux poudres. La gauche, qui aime à se qualifier de morale – surtout depuis qu'elle a renoncé à être sociale –, monte sur ses grands chevaux. Certains manifestants imposent bientôt, étoiles jaunes à l'appui, un parallèle douteux entre les « rafles » et « déportations » perpétrées sous l'Occupation et les expulsions de travailleurs clandestins menées par le gouvernement français. La presse, dans son immense majorité, se porte au côté du mouvement de solidarité avec ceux que l'on n'appelle plus que les « sans-papiers », afin de souligner leur dénuement absolu et, par contraste, la dureté de ceux qui appellent au contrôle des flux migratoires. La sympathie des journalistes pour cette cause ne se démentira pas au cours des années suivantes. Or, on a l'impression qu'elle interdit toute distance. Leur bon cœur s'accommode d'incohérence : revendiquée par les associations de gauche, la « régularisation immédiate de tous les sans-papiers » est parfaitement conforme aux intérêts du Medef, dès lors qu'elle permettrait de consolider l'armée de réserve du capitalisme mondialisé, friand de main-d'œuvre mal payée et peu syndiquée. (De même, la droite américaine est favorable à l'ouverture de la frontière avec le Mexique.) Peu importe : ce qui compte, c'est d'être dans le camp du Bien, c'est-à-dire celui des malheureux.

Cléricature, catéchisme et croyance fournissent une armature acceptable pour penser la fonction sociale du journalisme. De ce point de vue, le culte festif organisé de janvier à juin 2005 par des journalistes mages pour faire revenir sur terre une Florence Aubenas incarnant à son corps défendant la divinité martyrisée puis ressuscitée a été l'occasion d'une véritable catharsis collective, la communauté des croyants étant appelée à procéder à divers sacrifices et offrandes pour émouvoir les dieux adverses[1]. Il est plus inoffensif, il est vrai, de faire donner des fanfares que de sacrifier des vierges : voilà un signe de progression de l'humanité. Plus d'un an après le dramatique épisode de sa séquestration, la journaliste fut invitée à participer à « On refait le monde » sur RTL, émission dans laquelle des participants, journalistes le plus souvent, s'empaillent, parfois fort vivement, sur l'actualité du jour. L'un des habitués du rendez-vous, connu pour son esprit de répartie et sa faculté de mettre en difficulté ses

---

[1]. Il va sans dire que l'objectif de faire libérer notre consœur, qui fut opiniâtrement poursuivi par les diplomates et par les services, était parfaitement légitime et que sa libération fut un véritable soulagement. Précisons donc que nous ne parlons ici que du rituel festif qui rythma sa longue et pénible détention.

contradicteurs, trouva que ce recrutement faussait les règles de la saine concurrence intellectuelle. « Ce n'est pas fair-play de la faire venir, observa-t-il, puisqu'on ne peut pas s'opposer à Elle. » Preuve qu'on ne parlait plus d'une journaliste courageuse mais d'une icône.

Il faut à ce stade opérer un retour en arrière, non pas par nostalgie, mais parce que la comparaison entre cet épisode et son précédent des années 1980 permet de mesurer les progrès de la « festivisation [1] » dans la profession. Le sort des « otages français du Liban », enlevés par le Hezbollah en mars 1985, avait déjà été hissé au rang de cause sacrée par la grâce de la télévision. Mais quelle différence de style entre les tambours et trompettes husseino-florenciens [2] et le ton vaguement compassé qui prévalait alors ! Du 22 mars 1985 et jusqu'à la libération des trois premiers en mars 1988, les mêmes mots, prononcés avec la gravité requise par le présentateur, ont inauguré le journal télévisé : « Cela fait aujourd'hui tant de jours que Marcel Carton, Marcel Fontaine, Jean-Paul Kauffmann et Michel Seurat sont retenus en otages au Liban [3]. » Il n'est pas interdit de penser que la sobriété et la solennité du message, même rendues un peu ridicules par l'effet de répétition et la rupture sans transition avec les titres du journal, laissaient filtrer plus de vérité que l'exubérante émotion affichée vingt ans plus tard.

---

[1]. Sur l'idée de la festivisation, on lira avec profit l'œuvre de Philippe Muray. Voir notamment *Après l'histoire*, I et II, Belles Lettres, 1999 et 2000, ainsi que *Festivus Festivus*, conversations avec Élisabeth Lévy, Fayard, 2005.
[2]. Florence Aubenas était détenue avec son guide et traducteur Hussein Hanoun Al-Saadi.
[3]. D'autres noms, dont ceux des membres d'une équipe d'Antenne 2, figurèrent également sur la liste noire. Le chercheur Michel Seurat fut tué, probablement en mars 1986, soit un an après son enlèvement.

Aussi tentant soit-il, le paradigme religieux passe peut-être à côté de la singularité de la situation. Comme le souligne Jean-Claude Guillebaud, dans l'univers médiatique, les anciennes croyances ont fait place à des adhésions versatiles. « Le monde des médias, écrit-il, en se référant au sociologue Zygmunt Bauman, est celui des fidélités flexibles, des engagements temporaires, des connections aléatoires[1]. » Avant d'ajouter, non sans drôlerie, que ces croyances qui changent sans cesse « n'en font pas moins la grosse voix ».

Avec ses dogmes, ses célébrations, le journalisme serait donc le stade suprême de la croyance, une croyance laïcisée, l'une de ces religions séculières que Marcel Gauchet définit comme idéologies et dont il démontre qu'elles ont pris le relais des anciennes fois. « Ce passage de la religion à l'idéologie, tel que nous le voyons s'accomplir en Europe entre 1750 et 1850, de part et d'autre de la Révolution française, a son expression la plus spectaculaire dans le basculement du temps social légitime du *passé* vers *l'avenir*. La croyance religieuse est une croyance dans l'autorité du passé, la croyance politique qui émerge à la faveur de ce renversement est une croyance dans l'autorité du futur[2]. » Le journalisme répond parfaitement à ce critère dès lors qu'il se présente toujours sous les espèces du progressisme. Raison pour laquelle il est furieux que la société ait trop souvent une longueur de retard – ce qui signifie qu'elle fait preuve d'une tiédeur suspecte à l'égard de toutes les mirifiques inventions présentées comme des avancées, mot-clé du jargon professionnel désignant la destruction bienvenue de

---

1. Jean-Claude Guillebaud, « La question médiatique », in *Le Débat*, « Penser la société des médias » (I), n° 138, janvier-février 2006.
2. « Croyance religieuse, croyance politique », in Marcel Gauchet, *La Démocratie contre elle-même*, Gallimard, coll. « Tel », 2002.

tous les cadres anciens de l'existence : nation, famille, ville, école... Du point de vue du journalisme, le passé est forcément condamnable, et l'avenir nécessairement désirable, de même que le pouvoir est suspect et sa contestation légitime.

Si le journalisme est devenu une idéologie, il faut essayer de comprendre pourquoi et comment. En réalité, on verra qu'il s'est adapté aux circonstances pour occuper la place laissée vacante par le communisme. L'époque n'était plus aux grands délires interprétatifs ni aux théories générales, mais à la modestie. Le journalisme ne promet pas un monde meilleur, il promet de vous livrer le monde. Post-révolutionnaire, délivrée de toute transcendance, l'idéologie de l'Information est celle d'un monde dans lequel le désenchantement est arrivé à son terme. Encore qu'il serait permis de décrire l'âge médiatique comme celui d'un ré-enchantement du monde, mais d'un ré-enchantement pour enfants, en technicolor, destiné à distraire une humanité lasse de sa grandeur et de sa cruauté passées. La Révolution avait aisément chaussé les baskets du Dieu personnel du monothéisme. L'Information, qui tient dans cette nouvelle configuration la place de la divinité, est un dieu impersonnel qui ne suscite ni crainte ni amour, mais fait volontiers appel à ces émotions fortes que sont l'effroi et la sidération.

En somme, la sortie du religieux a fait place au politique et, à la fin du politique, il y a le médiatique dont le journalisme est l'avant-garde éclairée. Dans ces conditions, comme le proclame *20 minutes*, le journaliste est bien l'avenir de l'homme.

À ce stade, il convient de distinguer journalisme et médiatique, deux termes généralement employés indifféremment – il est vrai qu'il n'est pas si simple de les définir. Le journalisme est le premier étage de la fusée médiatique. Il fournit de la légitimité à l'ensemble d'un système (marchand) dans lequel il occupe pourtant une place de plus en plus réduite. D'où le malaise des journalistes, placés perpétuellement dans une situation en porte-à-faux, condamnés qu'ils sont à produire de l'information au cœur de l'industrie du divertissement, c'est-à-dire de la réflexion à l'intérieur de la fabrique planétaire d'émotion. Un sort qui, *mutadis mutandis*, évoque celui d'une carmélite qui serait contrainte de prêcher la vertu au milieu d'un *Eros Center*. Investi d'un pouvoir symbolique, le journalisme est, sans l'avoir choisi, intégré à la vaste machinerie des médias, dont l'activité aboutit à la destruction du champ du symbolique : ce que vous voyez sur votre écran de télévision ne se donne pas comme une représentation de la réalité, mais comme la réalité elle-même. Or, on comprend instinctivement que le discours de la star venue promouvoir un film, le spectacle de l'homme et de la femme exhibant leur conflit intime, ne sont pas la réalité, mais des artefacts, fabriqués par et pour le média. Il est difficile d'admettre que, par une sorte de capillarité, l'information est soumise au même dispositif : ainsi le langage de l'homme politique venu présenter ses réformes et celui du gamin des cités incendiant un autobus obéissent-ils à leur tour à la loi du média.

L'ennui est que, à ce compte-là, le journalisme pourrait bien, un jour, se révéler superflu. La confusion croissante entre journalisme et télévision, entre journaliste et animateur, le second ayant pour cause de notoriété récupéré le prestige du premier, est décourageante pour ceux qui souhaitent préserver la singularité et les exigences du métier[1]. Pourquoi

---

1. La confusion opère dans les deux sens : lorsqu'il était critiqué pour les énormités proférées dans certaines séquences de « Tout le monde en parle », le samedi soir sur France 2, Thierry Ardisson se réfugiait derrière

réfléchir quand il suffit de refléter ? « Quand tu filmes la BAC [brigade anti-criminalité] avec deux caméras, tu fais 45 % de parts de marché, observe Jean-Marc Morandini, producteur à Europe 1 d'une émission quotidienne sur la télévision. Pourquoi les gens se casseraient-ils la tête à faire des enquêtes ? » On pourrait rétorquer que le souci de la rigueur ou l'excitation intellectuelle constituent des motivations somme toute avouables. Mais il faudrait être bien naïf pour ne pas voir que, pour nombre d'aspirants journalistes, la perspective de se montrer est un excitant autrement plus puissant.

L'un des anciens condisciples d'Estelle Denis, dont la notoriété doit autant à son statut de compagne du sélectionneur de l'équipe nationale de football qu'à sa fonction de présentatrice d'une émission sportive – deux casquettes que l'on pourrait juger aussi incompatibles que celles de journaliste politique et d'épouse de ministre –, se rappelle leur premier jour de cours dans un IUT de journalisme. Chacun étant invité à évoquer ses vœux professionnels, la belle déclara sans ambages qu'elle voulait être « soit journaliste de guerre, soit journaliste télé ». Peut-être pensait-elle que la couverture d'un conflit consiste à s'habiller en aventurière chic et à pérorer face à la caméra avec en fond sonore des bruits de bombardement et, si possible, quelques ruines en guise de décor. « La motivation des jeunes, résume brutalement Morandini, est de montrer leur gueule et de gagner leur vie. » Ce jugement sans appel mérite évidemment d'être nuancé ; d'ailleurs, on croise fréquemment des esprits libres parmi la jeune génération de journalistes. La prédominance des motivations narcissiques n'est pas l'apanage des

---

le fait qu'il ne prétendait pas faire de l'information, mais du divertissement.

plus jeunes. Avec la télévision, le journalisme est devenu une voie d'accès à une notoriété désirée pour elle-même.

Ce basculement vers le petit écran du centre de gravité de la profession a contribué à l'homogénéisation du discours journalistique. On pouvait penser – ou au moins espérer – que la pluralité allait créer du pluralisme. Il faut se rendre à l'évidence : plus il y a de médias, plus il y a de journalistes et plus on a le sentiment qu'ils disent tous la même chose. Peut-être la télévision aurait-elle pu connaître un autre destin que celui d'être un *média de masse* – on ne cherchera pas ici à répondre à cette question. C'est en tout cas ce qu'elle est devenue, exigeant des moyens de plus en plus importants, qui imposent à leur tour de « faire de l'audience ». On peut réaliser un journal et même faire fonctionner une station de radio avec de faibles moyens. Mais, dès lors qu'elle doit produire du spectacle, la télévision exige des investissements beaucoup plus lourds. Il lui faut donc faire du chiffre. Comme le dit Carlo Freccero, ancien conseiller de Silvio Berlusconi, inventeur puis pourfendeur de la télé-poubelle, « la télévision a transformé le public en audience ». Si l'on cherche à l'intéresser ou à le séduire, il n'est pas interdit d'émettre des idées singulières qui le choquent ou le dérangent éventuellement. En revanche, pour captiver une audience dont on ne connaît que les attributs sociologiques, mieux vaut être tout-terrain et professer les idées *communes* – dans les deux sens du terme –, si possible en donnant l'impression que l'on énonce des vérités dérangeantes et subversives... Pour cela, le meilleur parti est encore de ne pas avoir d'idées du tout.

Reflétant le point de vue de ceux qui la font sur les téléspectateurs, la télévision a choisi de servir une information consensuelle, indignée, goguenarde, fascinée ou horrifiée selon l'humeur prêtée au peuple, « anecdotisée » aussi, mais dont l'ingrédient de base est toujours l'émotion. Ainsi s'explique, par exemple, l'appétit des médias pour le thème de la pédophilie. Au début de l'été 2007, nul ne s'est étonné que l'on intègre à la rubrique « pédophilie » un début d'aventure entre un quadragénaire et une adolescente fugueuse âgée de seize ans. Prompts à dénoncer le « prédateur », les médias ne trouvent rien à redire à l'exhibition, au cours d'une « émission de société », d'une adolescente évoquant, sous l'œil ravi de sa mère, les joies de la prostitution. Quel bel alibi que le sociétal – si on songe à la manne publicitaire engrangée grâce à ce genre d'abjection, il serait plus pertinent de parler d'émissions de *sociétés*.

Le cahier des charges du journalisme contemporain tient de la quadrature du cercle. D'un côté, chacun affiche son goût pour la polémique, comme en témoigne le nombre croissant d'émissions de débats (même si l'on y converse entre gens du même monde, toute divergence profonde étant tenue pour moralement intolérable). De l'autre, il est important de ne fâcher personne. La définition du tolérable est de surcroît éminemment élastique. Au début des années 2000, il était de bon ton de célébrer le miracle chinois, la modernité d'un capitalisme à la dure et la frénésie avec laquelle les nouvelles classes « moyennes » adoptaient ces joyaux de la culture occidentale que sont les sex-shops, les fast-foods et les hypermarchés. Quelques années plus tard, il n'est plus question que de jouets plombés et de droits de l'homme non respectés. La roue de l'info n'arrête jamais de tourner.

Au total, le journalisme offre une couverture moralement acceptable et politiquement utile au commerce mondial du temps de cerveau disponible. Avançons hardiment l'idée que, si le communisme fut le cache-sexe du pouvoir stalinien, le journalisme est devenu l'alibi idéologique du règne médiatique.

2

Du Grand Soir au 20-heures

Nous y voilà. Sans retracer entièrement la genèse d'un processus toujours à l'œuvre et, surtout, sans prétendre en identifier toutes les causes, il nous faut essayer de montrer comment, alors que les professionnels de l'information ont fait vœu d'abstinence idéologique, le journalisme peut fonctionner comme idéologie.

Dans son post-scriptum au film de Gérard Guégan[1], Edwy Plenel explique que nous vivons la révolution de l'information. Certes, l'ancien maître du *Monde* parle, en l'occurrence, de révolution technologique, mais la coïncidence sémantique est plus significative qu'il n'y paraît. De fait, l'organigramme de nos grands médias est peuplé d'anciens de « la » génération entrés en journalisme dans les lendemains de 1968. Pour eux, l'Information n'est pas une profession, mais une cause qui est sa propre finalité.

---

1. « *Toutes les histoires de dragon ont un fond de vérité*. Libération : *première crise* », documentaire datant de 1982 qui porte sur la refondation de *Libération* édité en DVD par Art Malta en 2007.

Avec le JT – ou sa version « intello », la « une » saignante –, c'est le Grand Soir tous les soirs. Et, de surcroît, un Grand Soir moderne, et même *cool*.

Les émules du « trotskysme culturel » d'Edwy Plenel se récrieront d'être ainsi associés à une vulgarité télévisuelle qu'ils n'ont eu de cesse de dénoncer. C'est bien, cependant, grâce à la « une » du *Monde* que l'on a pu suivre les palpitants exploits des participants du « Loft », communier dans la douleur à la mort de Lady Diana Spencer ou encore saliver dans l'attente de la chute d'un Dominique Baudis ou d'un Roland Dumas. L'expression « 20-heures » est donc employée ici comme métaphore d'un certain journalisme à sensation. Pour un Edwy Plenel ou même peut-être pour un Étienne Mougeotte[1], le journalisme a bien été la poursuite de la révolution par d'autres moyens. Accessoirement, il est aussi devenu le lieu où se croisent les privilégiés, « ceux qui en sont ».

La révolution de l'information est une révolution « sympa », qui n'exige pas de l'avant-garde éclairée un ascétisme excessif. On peut mener la grande vie sans pour autant risquer l'exclusion du parti du Bien. D'où la plasticité relative avec laquelle Plenel et d'autres sont passés de la presse révolutionnaire à la presse bourgeoise[2]. Leur ambition, diront-ils plus tard, était de moraliser la vie publique. Comme au bon vieux temps, ils ne s'embarrassaient guère des malheureux œufs qu'il fallait casser pour servir chaque jour une omelette bien baveuse. Il a pu arriver qu'ils prennent quelques libertés avec ces faits auxquels ils étaient si attachés, et même que des

---

[1]. On ne s'en souvient plus, mais l'ex-directeur général de TF1 fut vice-président de l'UNEF dans les années 1960. Il était journaliste à l'ORTF en mai 1968.
[2]. Edwy Plenel et Georges Marion ont travaillé à *Rouge*. Le premier a aussi été rédacteur en chef de *Barricades*.

innocents, cloués au pilori de la « une », fassent les frais de leur ardeur. On ne fait pas l'Histoire avec une âme de jeune fille.

Les temps ont changé, vous dit-on. De ce point de vue, la saga de *Libération* est à la fois emblématique et déprimante, tout comme l'évolution de Serge July, son inamovible patron de 1973 à 2007[1]. En trente ans, le quotidien qu'il avait fondé avec Jean-Paul Sartre pour « donner la parole au peuple » est devenu une entreprise d'information comme les autres, luttant avec ses concurrents pour la conquête des classes moyennes supérieures branchées, susceptibles d'éveiller l'intérêt des annonceurs. Curieusement, parmi les journalistes, cette mutation qui n'a guère cherché à se cacher ressemble encore à l'un de ces secrets de famille et de Polichinelle que tout le monde connaît mais dont on feint d'ignorer le pesant héritage. « Ce que porte le "nom *Libération*", écrit Éric Aeschimann dans son essai percutant et parfois émouvant[2], c'est l'histoire d'une substitution qui a eu lieu dans les années qui suivirent Mai 68. Conçue dans le secret de groupuscules gauchistes, souvent maoïstes, en train de s'auto-dissoudre, *elle a consisté à remplacer l'idée de révolution par la passion des événements, l'enthousiasme du grand soir par la mise en scène des bouleversements du monde, l'utopie par les délices du style.* » (C'est nous qui soulignons.) Bien vu, camarade ! Le monde dans lequel nous vivons est précisément né de cette filiation qui mène de l'« espoir révolutionnaire » à la « séduction journalistique ».

Il est tentant de lire cette généalogie à l'aune du renoncement, voire de la trahison. Les révolution-

---
1. Voir le chapitre 3 de la partie III, « Comment *Libération* est rentré dans le rang », p. 161.
2. Éric Aeschimann, Libération *et ses fantômes*, Le Seuil, 2007.

naires relookés en patrons de presse et de choc ont fourni à leurs détracteurs quelques motifs d'irritation : le cynisme conjugué à la bonne conscience constitue un mélange détonnant. Et nombre de journalistes et de pigistes savent combien la vie peut être dure sous la férule d'un « patron de gauche ».

Il est donc permis – ou il devrait l'être – d'interroger l'itinéraire qui a mené une génération des barricades à « Vive la crise ! », fameuse émission au cours de laquelle les dirigeants de *Libération* saluèrent la société du risque et le néo-capitalisme naissant, quand des dizaines de milliers de sidérurgistes venaient d'être frappés par un décret d'inutilité sociale[1]. Du soutien apporté aux ouvriers grévistes de Lip à l'apologie de la crise et de la flexibilité, de l'autogestion modeste et chaotique aux épousailles – non moins chaotiques – avec Édouard de Rothschild, de la contestation tous azimuts à la subversion officielle, on peut lire ce chemin comme une succession de reniements. Faut-il en conclure que le journal qui accusait le notaire de Bruay-en-Artois, défendait les pédophiles contre la société bourgeoise et militait pour la libéralisation de la marijuana était dans le vrai, tandis que l'apologue du marché qui engueulait les partisans du « non » au référendum sur le traité constitutionnel européen et revient sur son ancienne défense des drogues dites douces se fourvoierait pour cause de complicité avec le capital ? Rien, sinon la paresse intellectuelle, ne saurait imposer à la profession cette désespérante alternative entre errements passés et erreurs présentes.

Il n'y a rien de condamnable, évidemment, dans le fait de changer d'avis, surtout, a-t-on envie d'ajou-

---

1. Créé à l'initiative de Jean-Claude Guillebaud et Laurent Joffrin, avec la participation d'Yves Montand, cet *economy show* fut diffusé le 22 février 1984 sur France 2.

ter, quand on se trompait aussi lourdement que les maoïstes, trotskystes et communistes orthodoxes. Insupportable, en revanche, est la pratique répandue consistant à opérer de complets revirements tout en prétendant qu'on est resté le même. Dans *Les Testaments trahis*, prenant l'exemple de communistes devenus en un tournemain d'ardents défenseurs de la démocratie bourgeoise après l'implosion de l'empire soviétique, Milan Kundera épingle avec sa joyeuse férocité ceux dont les opinions changeantes sont toujours en phase avec l'air du temps, au point qu'eux-mêmes ont oublié qu'ils en professaient hier de différentes. « Et je me demande : se rappellent-ils ou non leurs attitudes passées ? Gardent-ils dans leur mémoire l'histoire de leurs changements ? Non que cela m'indigne de voir des gens changer d'opinion. [...] Chez Tolstoï, l'homme est d'autant plus lui-même, il est d'autant plus individu qu'il a la force, la fantaisie, l'intelligence de se transformer. En revanche, ceux que je vois changer d'attitude envers Lénine, l'Europe, etc., se dévoilent dans leur non-individualité. » De fait, la transformation des anciens gauchistes en libéraux pur sucre et des révolutionnaires en patrons de presse ou de publicité évoque plus une conversion en masse qu'une somme de cheminements individuels, comme le diagnostique encore Kundera. « Ce changement, écrit-il, n'est ni leur création, ni leur invention, ni caprice, ni surprise, ni réflexion, ni folie ; il est sans poésie ; il n'est qu'un ajustement très prosaïque à l'esprit changeant de l'Histoire. C'est pourquoi ils ne s'en aperçoivent même pas ; en fin de compte, ils restent toujours les mêmes : toujours dans le vrai, pensant toujours ce que, dans leur milieu, il faut penser ; ils changent non pas pour s'approcher de quelque essence de leur moi, mais pour se confondre avec les autres ; le changement leur permet de rester inchangés. » Maoïste, balladurien, jospiniste, papiste[1], peu importe : l'essentiel, on l'a compris, est de rester dans le coup. « Ils changent d'idées en fonction de l'invisible tribunal qui, lui aussi, est en train de changer d'idées ; leur changement n'est donc qu'un pari engagé sur ce que le tribunal va proclamer demain comme vérité[2] » : pour quiconque a côtoyé ces nouveaux convertis au marché, au moderne ou au journalisme, la conclusion de Kundera est criante d'authenticité.

Cet « ajustement à l'esprit changeant de l'Histoire » est l'un des fondamentaux de l'idéologie médiatique – et donc, si notre hypothèse est juste, du journalisme tel qu'il se déploie aujourd'hui, suscitant amertume et colère chez ceux qui en avaient une idée différente. On pourrait n'y voir que de l'opportunisme, mais ce serait passer à côté de ce qui fait que, enregistrant autant qu'ils les initient les changements de l'esprit du temps, les journalistes rallient toujours plus nombreux le camp du Bien. On pourrait aussi dire que, se voulant toujours les éclaireurs du temps et de la modernité, ils incarnent l'idée même de l'avant-garde.

Il faut être de son époque – et tant pis si celle-ci offre de multiples raisons de la détester. Mais être de son époque signifie désormais adhérer aux idées du jour ou de l'heure. Au moment où les innovations technologiques créaient l'illusion de pouvoir supprimer l'espace et le temps, les journalistes se sont soumis à l'implacable loi du temps réel sans avoir conscience qu'ils risquaient d'y perdre le sens même d'un métier dont la première exigence est la mise à distance, indispensable à toute réflexion. « Si tu

---
1. Allusion à Philippe Sollers, ancien maoïste qui a succombé à la grâce de Jean-Paul II.
2. Milan Kundera, *Les Testaments trahis*, Gallimard, 2000.

dors, t'es mort » : la formule qu'affectionnent, paraît-il, les cinq cents patrons *hyper-cool* de l'EBG (*Electronic Business Group*), club qui, comme son nom ne l'indique pas, rassemble les cinq cents champions français du Net, pourrait être la devise des néo-journalistes. L'information ne s'arrête jamais, telle est la règle cardinale de la profession. À l'âge d'Internet et de l'information continue, seul compte le flux ininterrompu, peu importe ce qu'il charrie. De même qu'on ne se baigne jamais dans la même rivière, le téléspectateur ne peut en aucun cas être soumis deux fois aux mêmes stimuli informationnels. D'où l'apparition d'un métier qui n'a de commun que le nom avec celui que nous aimions pratiquer. Dans une chaîne d'information continue, il faut alimenter la machine toutes les demi-heures, voire tous les quarts d'heure, au rythme des bulletins : pas question d'en diffuser deux identiques. Du reste, il suffit de ratisser large, grâce aux « fils » des agences de presse dans le monde entier.

Derrière leurs ordinateurs, des soutiers équipés de casques et de micros repèrent les nouvelles dignes d'intérêt dans le domaine qui leur a été affecté – ce qui ne signifie pas nécessairement qu'ils en sont connaisseurs... « C'est l'impuissance démultipliée », constate, un peu désabusé, le responsable d'une émission sur l'une de ces chaînes. Une fois son sujet validé par un chef contraint de prendre une décision par seconde sur des sujets allant des humeurs de Cécilia Sarkozy à un nouveau programme militaire américain et les images nécessaires envoyées par le service idoine, le journaliste les monte, puis il lit la dépêche plus ou moins améliorée sans bouger de sa place. En quelques minutes, un sujet (images et commentaire) atterrit sur l'écran du présentateur. Inutile de préciser que, dans une rédaction de ce type, de même que sur beaucoup de sites, on ne perd guère de temps à discuter d'un angle ou à se disputer sur l'opportunité de traiter tel ou tel sujet. Il aura fallu plus d'un demi-siècle pour que la fabrique de l'information se mette à l'heure de la taylorisation.

Résultat, l'inconséquence est presque tenue pour une vertu journalistique. Si chaque jour est un autre jour, ce qui était mensonge hier peut être vérité aujourd'hui. Le journalisme raffole du devoir de mémoire, mais il n'a plus de mémoire. Ainsi peut-on proclamer à tout bout de champ que « rien ne sera plus jamais comme avant » ou décréter dix fois par an que tel ou tel ouvrage, dont l'ambition est de s'incruster quelques semaines sur les tables des librairies, est un « livre-événement ». Avant même que son premier mot ne soit écrit, le mince récit sans aspérités que Yasmina Reza a consacré à la campagne présidentielle de Nicolas Sarkozy[1] était annoncé comme l'« événement de la rentrée » ; à sa parution, la machine médiatique s'est employée à rendre effective cette prophétie auto-réalisatrice. Il est par ailleurs remarquable que la plupart de ces ouvrages concernent la vie politique. Autrefois, la politique avait quelque chose à voir avec l'inscription dans la durée. Désormais, elle se nourrit de clichés instantanés, adaptés au tempo des médias.

Il faut qu'un clou chasse l'autre et que ce clou soit plus excitant que celui qu'il remplace. À ce petit jeu, celui qui fait le spectacle est gagnant, ainsi que le montre le cas de l'actuel président de la République. Et quand le spectacle est mauvais, on en appelle à l'indulgence du public, à l'instar de cette journaliste de TF1 qui, fin août 2007, annonçant un reportage sur les incendies qui ravagent la Grèce, a présenté ses excuses aux téléspectateurs pour « la mauvaise qualité du son et des images » qu'ils allaient voir. Il

---

1. *L'aube le soir ou la nuit*, Flammarion, 2007.

est vrai qu'elle ne pouvait offrir au public les images du site antique d'Olympie en flammes puisque celui-ci avait, heureusement, été épargné. Qu'on se rassure, il y avait des sinistrés en larmes et des vies détruites à foison. Le show ne déçoit jamais.

Du passé faisons table rase : le journalisme s'efforce admirablement de recycler ce programme. Il ne prise guère ce qui est vieux – sauf si cette incongruité qu'est la vieillesse est compensée par un honorable statut victimaire[1]. Le journalisme d'aujourd'hui a en horreur ce qui dure. Qu'y a-t-il de nouveau ? Quelle est l'« actu » ? Celui qui achète son journal ou allume sa télé pourrait à bon droit s'estimer lésé s'il n'y trouvait que des informations déjà connues de lui. Mais cette logique conduit souvent à conférer le statut de nouveauté à de la marchandise faisandée, ou encore à écarter toute possibilité de comparaison ou de réflexion historiques. La qualification de Le Pen au second tour de l'élection présidentielle de 2002 – qui résultait en réalité d'un faible déplacement de voix et de quinze ans d'antifascisme bêlant – ne pouvait donc être lue qu'à l'aune du « séisme » (image très appréciée) ou, à la rigueur, du « coup de tonnerre » : un vulgaire orage aurait constitué une métaphore un peu faiblarde. Dans un tout autre registre, on entendit récemment un présentateur de JT expliquer, à propos d'une catastrophe minière en Chine, qu'il s'agissait de la plus meurtrière depuis... deux ans et demi, sans comprendre que cette demi-année cassait l'effet escompté.

---

1. Après la canicule de 2003, l'ensemble de la gent médiatique, habituée pourtant à célébrer ceux qui sont dans le coup, manifesta un intérêt aussi soudain qu'excessif pour nos tempes grises. Ce qui aboutit à cette scène désopilante, diffusée pendant un JT, dans laquelle une grand-mère pleine de bon sens s'irritait d'être dérangée toutes les cinq minutes par des voisins venus s'assurer qu'elle n'avait pas soif.

L'événement est donc supposé faire irruption dans nos vies, interrompant brutalement le cours monotone du non-événement. (Quelle autre époque que la nôtre aurait pu inventer un secteur d'activité appelé « événementiel » ou le métier de créateur d'événements ?) Nous disposons même d'un acte de naissance de cette « pensée de l'événement » (nouvel oxymore ?). Ce sont les entretiens de Vézelay, qui, au milieu des années 1970[1], réunirent chez Bernard Clavel le gratin de l'intelligentsia post-maoïste. Remercions Éric Aeschimann d'avoir, en évoquant ces entretiens, contribué à l'archéologie du journalisme contemporain[2]. Observant qu'après Budapest le marxisme ne permettait plus de penser le monde, Michel Foucault expliqua que, dans la deuxième moitié des années 1950, « avait commencé une forme de pensée beaucoup plus sensible à l'événement » ; et que « les intellectuels avaient commencé à devenir journalistes ». Est-ce à ce moment-là que les journalistes ont renoncé à être des intellectuels pour se réfugier dans le culte du fait ? Les reportages affligeants du philosophe en Iran comme la « baisse tendancielle » du niveau moyen de culture générale de la profession journalistique incitent à regretter cette double évolution. L'insistance avec laquelle de nombreux journalistes se défendent d'exercer une profession intellectuelle, comme si la pensée elle-même était forcément une intarissable source d'ennuis, révèle assez le nouvel esprit du temps – et du métier.

L'adoration du nouveau, de l'« éruption des choses comme elles se présentent », selon les termes de Foucault, va de pair avec le règne de l'émotion,

---

1. Bernard Clavel, « Les Entretiens de Vézelay », documentaire diffusé par Antenne 2 le 4 juillet 1977 (Archives INA).
2. Éric Aeschimann, Libération *et ses fantômes, op. cit.*

qui a lui-même partie liée avec la conquête de nos esprits par la télévision. On peut faire réfléchir avec de l'actualité de la veille, de la semaine dernière, voire des siècles passés. Mais essayez de scotcher les populations à leur écran avec un match de football de la saison précédente ! On nous rétorquera que les journalistes sont friands de rappels historiques. Sauf qu'ils n'en appellent à l'Histoire que pour la condamner et, de ce fait, s'en démarquer avantageusement. N'hésitant jamais à évoquer heures sombres et pages noires – ou l'inverse –, n'ont-ils pas, eux, le courage de « regarder le passé en face », voire celui de « porter la plume dans la plaie » ? Certes, ils ne se sentent nullement comptables de ce passé et ne veulent aucunement souffrir de ces plaies. Mais il est si doux de battre sa coulpe sur la poitrine des autres.

Cette propension à inculper l'Histoire dans son ensemble doit donc se concilier avec l'impératif de la nouveauté : de même qu'il révèle au grand jour les turpitudes des puissants, le journaliste intègre adore découvrir dans le passé des horreurs qui seraient insoupçonnées. Ainsi, à la fin des années 1990, la presse « ose enfin » évoquer la torture en Algérie, comme s'il s'agissait d'un secret honteux que la France se cachait à elle-même. On ne voit pas très bien ce que les confessions du général Aussaresses apprennent à qui que ce soit plus de trente ans après la publication en pleine guerre d'Algérie de *La Question* d'Henri Alleg (en 1958, en France puis en Suisse, après l'interdiction de l'ouvrage). *Le Monde* et *L'Express* n'en sont pas moins partis en croisade contre tous les défenseurs du « mensonge d'État ». Plus près de nous, *Le Monde* et *Libération* s'indignaient du silence complice de la SNCF sur son rôle durant l'Occupation au moment même où était rendu un volumineux rapport commandité par l'entreprise publique à des personnalités compétentes sur les chemins de fer français sous Vichy[1]. Le rapport, sans doute trop dérangeant pour leur idéologie mémorielle, fut ignoré par les deux quotidiens.

Toujours menacé par la pénurie d'inédit, le journalisme a donc appris à en secréter de façon autonome, tel un générateur capable de prendre le relais d'un réseau électrique défaillant. Et les journalistes, rompus dans leurs jeunes années à l'art de changer d'avis, savent désormais que la versatilité est un moyen sûr de ne jamais lasser leur public. Les ex-camarades n'ont pas fini de courir pour échapper au vieux monde et, peut-être plus encore, pour diriger le nouveau.

L'aisance avec laquelle nombre de gauchistes ont enfilé l'habit du journaliste ne laisse pas d'intriguer. À première vue, en effet, rien n'est plus éloigné de la passion politique que la « bataille avec les faits », définition du journalisme selon Edwy Plenel. Non seulement les héritiers des révolutionnaires d'hier ne prétendent nullement changer le monde, mais ils se défendent de vouloir l'interpréter. Alors que les journalistes sont fiers de s'être défaits de leurs oripeaux idéologiques, il peut donc sembler paradoxal de décrire le journalisme comme une idéologie. Peut-être est-ce précisément là une nouvelle ruse de l'Histoire. Le fantasme d'un monde désidéologisé, objectivé, rationalisé n'est-il pas l'accomplissement ultime de l'idéologie ?

---

1. Dans le numéro du 4 février 1999 de *L'Express*, Éric Conan a salué l'exemplarité de la conduite de la SNCF qui a financé, *via* un accord avec le CNRS, une recherche approfondie sur le comportement des dirigeants et des employés de l'entreprise publique sous l'Occupation. La publication du rapport, intitulé *La SNCF sous la botte*, qui compte 1 500 pages, et les colloques qui l'ont suivie, n'ont suscité aucun article ni commentaire au *Monde* ni à *Libération*, d'ordinaire vigilants sur ces questions de devoir de mémoire.

Il serait injuste d'imputer à une seule génération la dérive justicière du journalisme. En réalité, celle-ci était peut-être inscrite dans ses gènes. Arrachée au pouvoir politique, la liberté de la presse est l'une des modalités d'expression de la souveraineté populaire. Si le peuple est souverain, il faut non seulement qu'il puisse se faire entendre en dehors des rendez-vous électoraux, mais aussi qu'il ait les moyens de se forger une opinion. « Il y a un quatrième pouvoir, écrit Marcel Gauchet, parce qu'il faut, dans un système représentatif bien conçu, une représentation du pouvoir permanent de la société des citoyens au-delà des intermittences de son expression par le suffrage et, par conséquent, une représentation indépendante des pouvoirs élus[1]. »

Seulement, ce quatrième pouvoir est un contre-pouvoir. Le journaliste est alors le médiateur par excellence : courroie de transmission entre gouvernants et gouvernés, il aide les premiers à connaître les seconds et permet aux seconds de contrôler l'action des premiers. Bref, il est l'un des rouages grâce auxquels le pouvoir du peuple peut s'exercer et, donc, la démocratie fonctionner. « Le journalisme est consubstantiel à la politique moderne conçue comme émanation de la société[2] », poursuit Gauchet. Dans le jeu des pouvoirs, le quatrième, dépourvu de tout moyen de coercition, paraît frappé d'une faiblesse insigne dès lors que, toujours selon Gauchet, « il n'a de pouvoir que celui qu'il soustrait aux autres[3] ». Il ne recherche pas de puissance pour lui-même ; il traque les abus des puissants et, par dissuasion, les rend plus vertueux. Aussi est-il

---

1. « Contre-pouvoir, méta-pouvoir, anti-pouvoir », *Le Débat*, « Penser la société des médias » (I), *op. cit.*
2. *Ibid.*
3. *Ibid.*

désigné comme l'empêcheur de gouverner en rond, le valeureux David qui affronte tous les Goliath.

Cette imagerie héroïque n'a plus grand-chose à voir avec la réalité, mais elle n'a rien perdu de sa force. Elle est à l'œuvre dans le discours de Reporters sans frontières. Non que les dangers courus par les journalistes dans les pays non démocratiques soient imaginaires, loin s'en faut. Pour de nombreux gouvernements, l'information libre demeure une menace réelle ; par conséquent, le journaliste est l'ennemi à abattre – ou, au moins, à enfermer. Seulement, si la solidarité est légitime, l'identification l'est moins. Il n'est guère raisonnable de projeter sur notre situation les risques pris par des confrères iraniens, chinois ou turkmènes, et encore moins de se draper dans leur courage pour magnifier le nôtre. Le journaliste du monde libéral continue pourtant à encaisser les bénéfices symboliques des risques pris par d'autres en d'autres temps et en d'autres lieux. Ce qui lui permet de clouer le bec aux impudents qui le critiquent, et osent faire grise mine devant le kiosque où, chaque matin, ils ont le choix entre quatre ou cinq quotidiens (lesquels, sous des emballages très divers, servent tous la même marchandise). Sans doute seriez-vous plus heureux avec la *Pravda*, ricanent les représentants officiels de la liberté. Faut-il vous répéter – l'expression est de Plenel avant qu'il ne s'attaque lui-même au « journalisme de validation » supposé être celui de son frère ennemi Jean-Marie Colombani – que critiquer le journalisme revient à s'attaquer à la démocratie ?

Fort gratifiante, cette mythologie est aussi pertinente pour rendre compte de la place du système médiatique dans la comédie sociale que les personnages de la comtesse de Ségur pour décrire un adolescent d'aujourd'hui. Elle n'en colle pas moins à la peau des journalistes qui s'en trouvent fort aise. Que vous êtes audacieux ! Que vous me semblez brave ! Qu'on n'aie crainte, notre ramage est à la hauteur de notre plumage. Sauf que nous n'avons nul besoin de lâcher notre fromage pour nous faire entendre, ni de renard pour susurrer à notre oreille les douceurs propres à nous ravir : les journalistes se chargent fort bien de leur autopromotion, opposant une indignation vertueuse à quiconque ose contester leur rôle d'utilité publique. Ainsi ont-ils réussi, sinon à dissimuler leur pouvoir, du moins à en interdire toute discussion.

Entre médiateur et porte-parole, la différence est essentielle mais ténue. Dans la fièvre des grands affrontements idéologiques, les journalistes choisissaient leur camp – c'est-à-dire leur classe. Chacun avait sa paroisse et portait, avec son journal, sa vision du monde en bandoulière. Le lecteur de *L'Humanité* faisait volontiers le coup de poing avec celui du *Figaro*. La presse avait permis de sauver l'honneur de Dreyfus. Prenant souvent le risque de violer la société et de s'attirer les foudres du pouvoir, elle défendait la liberté des peuples colonisés, se battait pour légaliser l'avortement.

Le paysage change avec la montée en puissance de l'idéologie des droits de l'homme, érigée en dogme absolu par des journalistes soudain dépourvus de toute autre grille de lecture du monde. Au tournant de la fin des années 1980, l'abstraction des droits de l'homme les autorise paradoxalement à s'affranchir des hommes concrets pour s'ériger en juges du Bien et du Mal. Ainsi sont-ils amenés à édicter des normes morales supérieures aux lois elles-mêmes. Le vote Le Pen n'est pas seulement politiquement critiquable, il est moralement intolérable – peu importe qu'il soit légal. Et il en va de même pour des points de vue variés allant de la critique de l'art contemporain, stigmatisée comme « haine de l'art » tout court par le spécialiste du *Monde*, à celle du mariage homosexuel, promptement dénoncée comme homophobe. Amoureux de l'Autre dans sa forme majuscule, le journaliste de fabrication courante peut tranquillement haïr quiconque pense autrement que lui. Il saigne pour la liberté assassinée, souffre pour le chômeur, qu'il préférerait appeler « sans-travail », et condamne volontiers à la mort sociale ceux qui n'ont pas l'heur de lui plaire. En vérité, à l'intérieur de nos frontières, il est plus dangereux – et nettement moins gratifiant – d'ironiser sur les médiacrates que de faire des blagues sur le Prophète des musulmans. Hostiles à George Bush, à Jean-Marie Le Pen et à la pauvreté, les journalistes proclament courageusement leur attachement à la démocratie, à la justice et à la paix, sans oublier l'environnement. Au point que Laurent Joffrin lui-même reconnut dans un numéro publié pour le quarantième anniversaire du *Nouvel Observateur*[1] qui avait tout d'un catalogue de bonnes causes, qu'ils avaient un petit air de lobby du Bien. En fait de penser contre lui-même[2], conformément au programme énoncé par Charles Péguy, le journaliste pense avec son temps. Ce qui n'est pas trop difficile dès lors qu'il fait l'air du temps.

Les médias sont un pouvoir : voilà encore un secret mal gardé. Impossible de nier que les rapports de force ont été complètement bouleversés en

---

1. « 40 combats à livrer aujourd'hui », *Le Nouvel Observateur*, 25 novembre 2004.
2. Edwy Plenel a depuis longtemps adopté comme devise le mot de Charles Péguy. Dans l'éditorial de l'édition du 16 octobre 2007 de *Libération*, titrant en « une » « Les Français veulent des médias indépendants », Laurent Joffrin la reprenait à son compte : « Le journalisme a ses règles qui doivent prévaloir sur les intérêts. À commencer par celle-ci : se libérer de ses propres préjugés, savoir penser contre soi-même. »

quelques décennies. « Vous les journalistes, vous êtes tout-puissants. » Tout citoyen peut observer, généralement pour le déplorer, que le quatrième pouvoir domine désormais sans partage l'espace public. Encore faut-il comprendre que ce renversement qui a accompagné et peut-être suscité la transformation de la démocratie représentative n'a pu survenir qu'à la faveur du tour de passe-passe qui a substitué les médias aux journalistes ou, plus précisément, le pouvoir médiatique au contre-pouvoir journalistique. Marcel Gauchet préfère parler d'antipouvoir dans la mesure où ce pouvoir « ne commande pas ; il n'est qu'un foyer d'annihilation du commandement ». On ne peut pas gouverner contre *Le Monde*, avait lâché Lionel Jospin. Le problème est qu'on ne peut pas non plus gouverner avec *Le Monde*. Les lois du spectacle sont, par essence, contraires à celles de la politique. Toute personne travaillant au sein de la machine gouvernementale sait bien que, sur les dossiers dont elle a la charge, il lui faut s'habituer aux inexactitudes répétées en boucle par les médias, quand il ne s'agit pas d'une malveillance érigée en principe.

Longtemps accusés d'être asservis aux politiques, les journalistes risquent désormais d'être décriés pour la subordination dans laquelle ils tiennent ces mêmes politiques – avec leur consentement. « Voyez comment ils se comportent avec Nicolas Sarkozy », se récrieront nombre d'observateurs. De fait, le président de la République tient la dragée haute aux journalistes – ce qui est peut-être l'une des causes de sa popularité. Il paraît même inspirer à certains d'entre eux une crainte révérencieuse. En réalité, la fascination des journalistes pour « Sarko » s'adresse autant à l'athlète médiatique qu'à l'élu des Français. Il est, en somme, le « meilleur d'entre nous », plus fort que Drucker et Chazal réunis. À vrai dire, il est aussi souvent l'ami du patron ou le « pote » du rédacteur en chef, ce qui n'est pas sans importance. Aussi parvient-il, sans difficulté excessive pour l'instant, à imposer son agenda aux médias. Toutefois, la puissance conjoncturelle d'un responsable politique naturellement (ou presque) médiatico-compatible ne change rien au fait que tous les autres ont accepté de se soumettre au pouvoir des médias, ainsi qu'à leur langage. « Les médias, résume Gauchet, demeurent une instance de surveillance ; mais d'une surveillance qui étouffe ce qu'elle surveille[1]. » On ne le contredira pas sur le caractère souvent étouffant du système médiatique. Toutefois, il est permis de penser que le stade de la surveillance a largement été dépassé. Forts de la légitimité que leur confère le journalisme, les médias sont peut-être aujourd'hui en mesure de façonner le réel.

Passés, en somme, des grandes causes aux bonnes causes, les journalistes se targuent désormais de n'en avoir plus d'autre que celle de la vérité. Nous vous offrons le monde à domicile : non seulement le monde, mais l'entièreté du monde. N'ayez crainte, nous n'y avons pas ajouté la moindre pincée de réflexion – et encore moins d'humour. Il est toujours amusant d'entendre d'éminents représentants de la profession s'affoler à l'idée qu'on pourrait les soupçonner d'avoir des idées personnelles. C'est donc bien sous la double injonction de la transparence et de l'objectivité que le journalisme est devenu une idéologie à part entière.

Le règne de l'Information prétend éclairer chaque recoin de l'activité humaine. L'existence de chaînes de télévision et de stations de radio qualifiées de « tout-info » annonce le programme. *Tout est infor-*

---

1. Marcel Gauchet, « Contre-pouvoir, méta-pouvoir, anti-pouvoir », *Le Débat, op. cit.*

mation : cela signifie que ce qui n'est pas information n'existe pas. Tout bascule avec cet implacable syllogisme : ce qui n'est pas médiatisé n'est pas. Les médias changent le monde, ils sont le monde. Leur pouvoir, qui n'appartient pas, ou de moins en moins, à ceux qui en exercent l'apparence – les journalistes –, se manifeste par l'évidence. « Je vois, donc je crois », pourrait être la devise de cet « empire sans empereur », selon le mot de Guillebaud, ou, pour reprendre l'expression d'Althusser, de ce « processus sans sujet » qui opère par intégration sélective : par la volonté du journaliste, certains actes humains, certains faits sociaux accèdent au statut d'information. « Ceci est une pipe », ou un scandale, ou un héros, ou un événement, parce que je vous le dis.

Dans ce contexte, la première caractéristique du discours journalistique est l'autoréférentialité, dont le réseau mondial est l'expression technologique : sur Internet, rien ou presque ne se crée, mais tout se diffuse. Commentant une succession d'affrontements entre bandes armées à Paris, fin août 2007, le procureur général de la capitale, Laurent Le Mesle, affirmait que « lorsqu'un phénomène est médiatisé, c'est qu'il correspond à une véritable inquiétude de nos concitoyens ». On peut démontrer exactement l'inverse : un phénomène inquiète parce qu'il est médiatisé – et sa médiatisation entraîne généralement son amplification.

Dans des registres différents, la conversion massive des Français à l'écologie ou au rugby est bien un produit de l'autoréférentialité médiatique[1]. Ajoutons que les sondages jouent un rôle décisif dans ces exercices d'auto-persuasion collective. Ainsi, ceux-ci ont

---

1. Avant que, en décembre 2007, le groupe Amaury ne ferme, dans une grande discrétion, *L'Équipe-Rugby*, édition censée accompagner l'ovaliemania.

enregistré la progression de la rugbymania dès le début de l'été 2007, précédant de plusieurs semaines le début de la Coupe du monde : vous aimez le rugby, puisqu'on vous le dit. De même, médias et sondeurs, aussi « citoyens » les uns que les autres, ont-ils accompagné le « Grenelle de l'Environnement ». Il était encore admissible de proclamer son indifférence au XV de France, mais il fallait vraiment avoir mauvais caractère pour se déclarer face caméra, favorable à la pollution ou au saccage de la planète. On put voir durant cette période d'édifiants reportages sur les cantines bio, les poubelles bio, les villes bio ; sommés par Jean-Louis Borloo de se mobiliser pour cette noble cause comme ils l'avaient fait dans la guerre contre le tabac (acceptant, par exemple, de ne pas diffuser de photos de personnalités clope au bec), les médias obtempérèrent. TF1, en bon chef de file du Nouveau Monde, proclama par la voix de son nouveau directeur général Nonce Paolini sa ferme intention de devenir une « chaîne verte[1] ». Quand il s'agit de faire le bien, la frontière entre propagande et information est ténue.

Si les idées peuvent tuer et si, comme le disait Camus (que les journalistes redécouvrent tardivement et entendent peut-être fort mal), « mal nommer les choses, c'est ajouter au malheur du monde », il s'agit bien, on l'a vu, d'en dire le moins possible. D'une certaine façon, le journalisme se rêve en science du monde, délivrée du préjugé – et du juger tout court. Or, cette sympathique et vertueuse profession de foi ne tient pas la route : l'observation, même distraite, des récits journalistiques montre que l'exercice pratique du métier ne permet jamais d'objectiver un regard sur le monde. Il ne faut pas en

---

1. Voir « Borloo, super-rédac en chef », article publié le 27 septembre 2007 sur le site marianne2.fr.

vouloir aux journalistes : la fonction éditoriale (qui ne concerne pas seulement les éditoriaux) nous contraint, quoi que l'on prétende, à des choix qui sont tout sauf « objectifs ». Éditer, c'est choisir. Choisir parmi des milliers de « faits » qui se passent à un instant « t » dans le monde ceux qui méritent d'être rapportés au lecteur. Une fois ces choix opérés, la grammaire du récit s'apparente à une deuxième mine explosive placée sur le chemin de l'objectivité. Ainsi le journaliste embarqué avec les troupes américaines a-t-il beau raconter ce qu'il voit de ses yeux, ce qu'il voit n'est pas la réalité, mais une partie de la réalité qu'il faudrait confronter avec celle du camp adverse et celle des populations civiles. Or, même quand on en a la volonté, réunir ce triptyque minimal (les deux belligérants plus la population civile) pour construire une représentation générale d'un conflit armé est loin d'être toujours possible. Rappelons que durant certaines périodes de la guerre en Bosnie, un journaliste qui voulait aller et venir entre Sarajevo et Pale, la capitale bosno-serbe située à quelques kilomètres devait, chaque fois, perdre un ou deux jours et parcourir des centaines, parfois des milliers de kilomètres.

Certes, les situations dont doivent rendre compte les reporters ne sont pas toujours aussi radicalement ou techniquement impossibles à suivre. Mais, que l'on parle d'un procès, d'un match de football ou d'un conseil d'administration d'entreprise, toute affaire humaine est porteuse de conflits, de subjectivités distinctes, sinon divergentes. En outre, à ces points de vue contradictoires qui *font* la situation décrite, s'ajoute la subjectivité de celui qui raconte. Cette tierce subjectivité agace souvent le lecteur, auditeur ou téléspectateur, surtout quand il connaît quelque peu le sujet traité. Pendant longtemps, l'honneur du *Monde* fut de publier des articles qui éclairaient les béotiens sans heurter les spécialistes. Belle ambition, très largement abandonnée, mais aussi quel funambulisme !

Face à la difficulté, on préfère souvent ne pas trop se casser la tête. Rendant compte, à l'automne 2007, des travaux de la commission sur la « libération de la croissance » présidée par Jacques Attali, la plupart des journalistes se sont ébaudis de son ambition de faire baisser les prix de 2 à 4 % en libérant la grande distribution (déjà en position quasi monopolistique) de toute contrainte réglementaire, notamment dans ses relations avec les fournisseurs. Quiconque s'est déjà penché sur les relations entre industrie et distribution sait que cela signifierait une accélération des délocalisations et une augmentation du chômage des ouvriers non qualifiés. En effet, si les recommandations de l'ancien sherpa de François Mitterrand étaient suivies, les producteurs, qui ne peuvent se passer des hypermarchés pour écouler leurs produits, seraient contraints de baisser leurs prix et donc leurs salaires, au besoin en délocalisant leurs derniers sites demeurant en France. Quelle perspicacité et quelle « objectivité » que celles qui conduisent à se réjouir d'un processus qui condamnerait au chômage des dizaines de milliers d'ouvriers, d'agriculteurs et de pêcheurs français afin de « redonner du pouvoir d'achat » aux classes moyennes urbaines ! Shakespeare surgit partout et sans cesse dans l'actualité. Mais le journaliste est incapable de jouer la pièce ou même de la comprendre.

Partie III

Du pouvoir journalistique

Aux origines des sociétés de rédacteurs

Entre servitude et révolte, 1

Depuis quelques années, nous vivons un improbable feuilleton dont le titre pourrait être : la fin du pouvoir journalistique. Pouvoir journalistique ? À l'ère du capitalisme financier triomphant, l'expression est troublante. Une entreprise influencée, voire dirigée par ses salariés, ne serait-ce que sur un plan strictement symbolique, est d'une rare incongruité par les temps qui courent. Le mot qui désigne la chose – allez, soyons fous, osons l'écrire –, celui d'« autogestion », ne fait plus partie du vocabulaire d'aujourd'hui. Aucun étudiant, aucun bachelier ne sait plus ce qu'il veut dire, et notre bon Bernard Pivot aurait pu l'intégrer à son dictionnaire destiné à sauver les substantifs en voie de disparition.

Pourtant, à l'orée des années 2000, deux des plus grands quotidiens français, *Le Monde* et *Libération*, vivaient encore sous un régime qui s'apparentait à l'autogestion, c'est-à-dire qu'ils étaient dirigés par des actionnaires qui étaient aussi leurs rédacteurs, parfois leurs représentants des autres personnels. Pour l'indépendance du métier, croyaient l'ensemble des journalistes actionnaires. Pour leur malheur, nous apprend l'histoire récente. Drôle d'histoire, qui fera forcément de son narrateur le messager maudit d'une profession en désarroi, si ce n'est en perdition.

Cette histoire-là a pourtant du souffle et de l'élan. Elle est inscrite au tréfonds de notre passé national. Le journalisme français est une épopée douloureuse, un long défilé d'heures noires, pour reprendre un cliché bien-pensant, mais traversé de très nombreux éclairs vivaces et brillants. En témoignent *Les Illusions perdues* de Balzac et *Bel Ami* de Maupassant, deux romans du XIXᵉ siècle qui sont encore des références et qui mettent en scène de jeunes ambitieux dont les parcours sont emblématiques de la corruption ordinaire d'une profession.

L'argent et l'assujettissement au pouvoir sont donc aux sources mêmes du métier. D'aucuns y discernent une « infamie française », un pétainisme avant l'heure, dans lequel se serait vautrée toute une profession, à quelques exceptions près dont nous devrions honorer la mémoire. Notre journalisme serait historiquement « venu d'en haut[1] », initié par un gazetier[2] qui ne tolérait que quelques mètres de distance entre le pouvoir du monarque et son bureau. Cette malédiction inaugurale, ce péché originel, pèserait donc depuis le XVIIᵉ siècle sur notre profession. Seuls quelques héros prêts à soulever des montagnes et dotés d'une vertu inflexible, quelques

---

1. Nous devons cette expression élégante à Edwy Plenel. Voir « Peut-on encore être journaliste ? », post-scriptum au passionnant documentaire de Gérard Guégan, *Toutes les histoires de dragon ont un fond de vérité*, op. cit.
2. Il s'agit bien sûr de l'inventeur du journalisme en France, Théophraste Renaudot (1583-1653), auquel fait référence Edwy Plenel dans l'entretien filmé accompagnant le documentaire de Gérard Guégan cité précédemment.

incorruptibles seraient capables de s'émanciper du pouvoir ; ils représenteraient la face noble de la profession, celle dont, à l'inverse, auraient « spontanément » hérité nos amis américains, ce qui leur aurait permis, deux siècles plus tard, de refonder le journalisme.

C'est beau comme l'antique. Mais la fable ne tient pas la route. En réalité, l'histoire de ce métier est faite d'avancées et de reculades, de sinuosités, d'une succession d'épisodes plus ou moins sombres et glorieux dont le sens général nous échappe encore. Ne prétendons pas cerner d'un regard ou d'une expression la vérité qui nous fuit, comme disait Marx, qui avait compris que, s'ils font l'Histoire, les hommes ne savent pas quelle Histoire ils font.

Plantons cependant quelques balises. Chaque descente aux enfers de la profession a suscité une réaction qui se voulait toujours salvatrice. Le journalisme au service du boursicotage de la première révolution industrielle, quand le rédacteur financier était payé pour inciter les gogos à investir dans de lointaines mines aux seules fins de favoriser quelques allers-retours spéculatifs ? *Plus jamais ça*, ont dit nos aïeux, qui ne pouvaient imaginer que cette corruption renaîtrait, sous des formes plus perverses, et ce à plusieurs reprises, le dernier épisode ayant été le rebond du capitalisme boursier des années 1990. La corruption de la critique littéraire démontée par Balzac ? *Plus jamais ça*, ont cru ceux, nombreux, qui ont voulu « moraliser » les relations entre critique et édition... Nous n'avons, hélas, guère progressé. Dans la plupart des journaux français contemporains, la rubrique « culture » est avant tout un espace alloué aux renvois d'ascenseur et aux coups de billard à trois bandes, dont les choix éditoriaux demeurent inaccessibles aux non-initiés. Les journalistes « embarqués », comme l'on dirait aujourd'hui, lors de la guerre de 14-18, qui confondirent un patriotisme compréhensible avec la soumission la plus servile aux autorités militaires ? *Plus jamais ça*, clamèrent après l'armistice les confrères qui se rapprochèrent alors du pacifisme, de la gauche et du syndicalisme. Trois ans après la dernière invasion de l'Irak, la presse américaine s'est confondue en autocritiques sur la façon dont elle avait « accompagné » le pouvoir bushiste, accréditant des buts de guerre fondés sur de purs bobards.

Mais revenons en France. À chaque épisode de l'histoire du journalisme, comme le raconte par le menu l'historien Christian Delporte[1], les hommes de l'art se posent à nouveau, la main sur le cœur, les mêmes questions : qui doit définir les règles de la profession ? Un Conseil de l'Ordre, comme celui des médecins ? Un syndicat de corporation ? Faut-il au contraire opter pour l'absence de règles, le chaos étant préférable à n'importe quel carcan ? Un code professionnel, tel que celui qui fut adopté en 1918 ? Mais, s'il expliquait « ce que les journalistes ne doivent pas faire, il reste muet sur ce qu'ils doivent faire[2] ». Et qui doit payer pour l'indépendance des journalistes ? L'État ? Les lecteurs-souscripteurs, comme ceux d'Henri Dumay, ancien courtier en publicité (eh oui !) qui fut dans les années 1920 le promoteur d'un « journalisme moral », lequel réunit 60 000 donateurs, fonctionnaires, enseignants, employés et retraités pour financer le lancement du *Quotidien*, formidable création qui préfigurait celle de *L'Événement du jeudi* par Jean-François Kahn[3] en 1984 ? À vrai dire, cela n'empêcha pas ledit *Quoti-*

---

1. *Les Journalistes en France (1880-1950). Naissance et construction d'une profession*, Le Seuil, 1999.
2. *Ibid.*, p. 197.
3. En 1984, JFK avait réussi une étonnante souscription qui permit la création de *L'Événement du jeudi*.

dien de sombrer dans la corruption la plus vulgaire des années 1930, succombant aux avances de la Régie du gaz ou de la Banque de France, qui culbutèrent facilement les digues de vertu qui avaient entouré la naissance du quotidien [1].

Quoi qu'il en soit, réguler le journalisme est, depuis sa naissance, à la fois l'obsession et l'impuissance de la corporation.

Venons-en à présent à l'acte fondateur du journalisme contemporain : la mise en place de la matrice de ces fameuses « sociétés de rédacteurs » qui dirigent, ou dirigèrent jusqu'à il y a peu, *Le Monde* et *Libération*. La profession journalistique ne s'est pas, sous l'Occupation, montrée plus héroïque que les autres corporations des arts et des lettres. La Collaboration ne fit qu'une bouchée de bon nombre d'artistes, d'éditeurs et d'avocats. Sans doute moins connu, le comportement collectif des journalistes ne fut guère plus glorieux. Pour continuer de paraître, les patrons de journaux incitèrent leurs rédacteurs en chef à se soumettre à la censure. Ils acceptèrent les subventions du régime de Vichy. On bannit les Juifs du métier, exclusion à laquelle la fameuse Association des journalistes anti-juifs [2] tenta de prendre une part essentielle.

À la Libération, le désir « révolutionnaire » des professionnels qui avaient été résistants fut à la hauteur du traumatisme qu'ils avaient vécu. Il fallait inventer une presse indépendante à la fois des puissances de l'argent qui avaient collaboré et d'un État qui avait sombré après la débâcle. Le journalisme ne devait plus être une marchandise, comme diraient les « alter » d'aujourd'hui, mais « un service public ». Indépendance, pluralisme (246 quotidiens

---

1. Christian Delporte, *Les Journalistes en France, op. cit.*, pp. 207-208.
2. *Ibid.*, chapitre 10 : « Exercer sous l'Occupation », pp. 325-365.

sont créés en France entre 1944 et 1945), déontologie, le journalisme se reconstruisit sur de nouvelles bases. Albert Camus fut l'un des artisans de ce renouveau. Il prônait un « journalisme critique » et un « journalisme d'idées » destinés à décrypter l'information pour éclairer le citoyen[1]. Conclusion provisoire de Christian Delporte : « Domination exclusive d'une presse très marquée à gauche, profession unie derrière un syndicat affilié à la CGT, contrôle de l'État sur l'appareil d'informations bouleversé : les conditions semblaient réunies pour mener à bien les projets de redressement moral et d'avènement d'un journalisme de service public souhaité par les forces de la résistance. Pour y parvenir, la rénovation imaginée par les journalistes résistants après la guerre comporte trois réformes radicales : l'élargissement et le renouvellement de la base professionnelle ; la moralisation de l'entreprise, qui empêcherait la renaissance de la presse capitaliste et passerait par le contrôle de la gestion par les rédactions ; la moralisation de la profession, qui fermerait définitivement le chapitre des dérives d'avant-guerre[2]. »

Les lois du marché eurent vite raison de ce programme de transparence financière. Le projet de nouveau « statut de presse » qui devait affranchir le reporter du capital ne vit jamais le jour. De ce vaste mouvement politico-moral d'après-guerre, il demeura pourtant une palette de réflexes, une culture républicaine et surtout les fameuses « sociétés de rédacteurs », vecteur d'un pouvoir journalistique nouveau qui, cette fois-ci, promettait de ne pas être un leurre.

---

1. On notera que cette définition du métier, que nous partageons, place forcément le journaliste à une certaine distance de la factualité, ce qui n'est pas contradictoire avec le fait que celle-ci constitue le socle de son travail. Les faits sont importants, mais ils ne sont pas une religion, contrairement à ce que prétendent quelques « camusiens » d'aujourd'hui.
2. Christian Delporte, *Les Journalistes en France*, *op. cit*, p. 405.

Le destin du *Temps*, le quotidien des élites, qui avait attendu le 30 novembre 1942 pour se saborder[1], restait dans les mémoires. En 1944, le cabinet du général de Gaulle reçut un certain Hubert Beuve-Méry. De Gaulle n'avait point d'affinités politiques avec le démocrate-chrétien, mais il en avait davantage avec le journaliste. Correspondant à Prague du *Temps*, Beuve-Méry avait donné sa démission en 1939 lorsqu'il avait constaté que ses articles étaient soigneusement caviardés par la rédaction en chef pour en faire disparaître les arguments défavorables aux Allemands[2]. Ils n'avaient pas été nombreux dans son cas. De Gaulle choisit donc de lui confier les rênes du titre qui devait succéder au *Temps*, ce qui revenait, dans les conditions de pénurie de l'époque, à lui octroyer le droit de publier. *Le Monde*, dont le premier numéro paraît – *horresco referens* – grâce à un capital offert par l'État le 18 décembre 1944, est porté sur les fonts baptismaux par neuf fondateurs. Lesquels, quelques années plus tard, en 1951, cèdent leurs parts à la Société des rédacteurs du *Monde* (SRM). Plus ou moins vite, plusieurs rédactions se dotent de structures analogues : *Le Figaro* et *Ouest France* en 1965, qui seront suivis par *Les Échos*, *L'Équipe*, *Le Parisien libéré*, Europe 1, *Le Nouvel Observateur*, *L'Express*, etc.[3] En 1969, note le sociologue Pierre Rimbert[4], la Fédération française des sociétés de journalistes regroupe plus de trente médias et deux mille adhérents – un cinquième de la profession – autour d'un triple objectif énoncé par son président Jean

---

1. Peu après *Le Figaro* (10 novembre 1942) et *Paris-Soir* (11 novembre 1942).
2. *Cf.* Jean-Nöel Jeanneney et Jacques Julliard, Le Monde *de Beuve-Méry ou le métier d'Alceste,* Le Seuil, 1979, pp. 25-28.
3. Voir à ce sujet l'article de Pierre Rimbert, « Sociétés de rédacteurs, un rêve de journaliste », *Le Monde diplomatique*, mai 2007.
4. *Ibid.*

Schwoebel : « Faire en sorte que l'idée de service l'emporte dans les entreprises de presse sur la préoccupation de profit, assurer le recrutement de journalistes de qualité et garantir l'indépendance de plume de ces derniers [1]. »

Le pouvoir des journalistes est alors à son faîte. Mais personne ne le sait.

---

1. Jean Schwoebel, *La Presse, le pouvoir et l'argent*, Le Seuil, 1968.

La tragédie de l'autogestion journalistique au *Monde*

Entre révolte et servitude, 2

Dans les années 1970, l'autogestion avait la cote à gauche. Des dizaines de milliers de militants se sont enthousiasmés pour l'expérience des ouvrières et ouvriers de Lip qui, devant la menace de fermeture de leur usine, remirent en route la production sous leur propre contrôle en 1973. La gauche tout entière ignorait, semble-t-il, qu'au quotidien *Le Monde* se pratiquait alors aussi l'autogestion, la vraie, pas celle des livres ou des discours de congrès socialistes, mais celle qui voyait des journalistes investis du redoutable pouvoir de contrôler l'administration d'un journal. Car, à la différence des autres expériences de cogestion nées de la Libération, dans des sociétés telles que EDF, la SNCF, etc., où les représentants du personnel ne se mêlaient pas forcément de stratégie, le système instauré au *Monde* laissait le soin aux personnels de s'occuper de la gestion à court, moyen et long terme.

L'autogestion façon *Le Monde* semblait d'autant plus réaliste et appropriée qu'elle était mise en œuvre par une petite communauté de personnels cultivés et compétents. Pendant dix-huit ans, cette organisation, conjuguée à la sagesse d'Hubert Beuve-Méry, autorité incontestable et incontestée dans la rédaction, fit du *Monde* une entreprise prospère ; lorsque « Beuve » donna les clefs de la maison à son successeur, Jacques Fauvet, en décembre 1969, les caisses renfermaient un milliard de francs de l'époque, soit un milliard d'euros d'aujourd'hui. Mais ni Fauvet ni aucun de ses successeurs ne se montrèrent à la hauteur de Beuve-Méry et de la mission qui leur était confiée. Bientôt, le système d'autogestion journalistique révéla de nombreux effets pervers : la peur d'affronter le redoutable corporatisme du Syndicat du Livre, prêt à utiliser l'« arme atomique » de la grève et de la non-parution, paralysa la SRM ; surtout, le clientélisme s'installa, conduisant le directeur du *Monde* à se répandre en promesses démagogiques pour être élu ou reconduit dans ses fonctions. Augmentations, promotions, embauches, avantages divers : plus la situation financière empirait, plus le directeur devait donner des gages.

La longévité du règne de Jean-Marie Colombani à la tête du quotidien du soir, de 1994 à 2007, n'a, au fond, pas d'autre explication : les rédacteurs-actionnaires ont su longtemps résister, et de belle manière, aux pressions du capital et des pouvoirs politiques ; mais ils n'ont pas été assez vertueux pour dépasser l'horizon de leurs intérêts individuels, quel que fût l'emballage, toujours noble, dans lequel ils étaient enrubannés[1].

Voilà le paradoxe de l'autogestion à la mode journalistique : elle n'a engendré des résultats satisfai-

---

1. Cette histoire-là a été évoquée plus en détail dans *La Face cachée du Monde*, *op. cit.*, notamment aux chapitres 7 « La Conquête » et 8 « La prise en mains du *Monde* ».

sants que sous la férule d'un personnage charismatique, bonapartiste dirait-on, sinon par son caractère propre – sa personnalité était surtout ombrageuse –, du moins par la confiance et l'implication qu'il savait inspirer. Son intolérance absolue pour le carriérisme ne fut pas non plus pour rien dans ce succès.

Dans les années 1990, le clientélisme interne sur lequel s'appuyait Jean-Marie Colombani, les liens ambigus entre le quotidien du soir et les gros bonnets du capitalisme, *via* le « rayonnement discret » d'Alain Minc, président du conseil de surveillance et de la société des lecteurs du *Monde*, ainsi que le robespierrisme journalistique de son rédacteur en chef Edwy Plenel finissent par produire une sorte d'alchimie perverse, confusément ressentie par une partie des lecteurs. La publication de *La Face cachée du* Monde en 2003 ne fait que révéler la crise de confiance qui couvait sous les discours flamboyants des dirigeants du quotidien de référence. Depuis l'arrivée au pouvoir du trio dirigeant, sa société des rédacteurs avait perdu tout esprit critique. Elle était comme anesthésiée par le clientélisme colombanien.

La fin de la « gouvernance colombanienne », effective depuis juin 2007, peut-elle marquer le renouveau de la société des rédacteurs du *Monde* ? Ses responsables et, en premier lieu, son président Jean-Michel Dumay l'espéraient lorsque, succédant à Michel Noblecourt et à son équipe, ils ont repris leur indépendance à l'égard de la direction du journal.

Avant même la parution de *La Face cachée du* Monde, l'un de ses auteurs avait cherché – discrètement – à attirer l'attention de quelques amis qu'il avait conservés au sein de la rédaction du quotidien vespéral et qu'il lui avait paru préférable de tenir à l'écart d'une enquête dont il pressentait la rude bataille qu'elle allait provoquer. Devant un café ou une bière, il leur avait exposé, à la serpe, les conclusions du travail mené avec Pierre Péan : on leur mentait sur la situation financière du journal, sur ses ventes et sur les raisons des choix rédactionnels, du moins de certains d'entre eux. La SRM elle-même, cet outil censé préserver l'indépendance du journal, était aliénée et tenue par une équipe totalement soumise à la direction. Peine perdue. Il aurait été plus facile de dessiller un stalinien pur et dur sur la réalité soviétique en 1952. Celui qui tenait de tels propos, des « imprécations », était forcément un doux dingue aveuglé par le ressentiment, un chercheur fou et paranoïaque tombé dans le piège de son investigation.

Il a fallu quelques mois, parfois quelques années, à beaucoup de rédacteurs du *Monde*[1] pour regarder en face la situation du journal et du groupe, et admettre le caractère nocif du trio qu'ils avaient placé à leur tête. Épaulés par quelques autres journalistes libres, Marie-Béatrice Baudet, puis Jean-Michel Dumay, parviennent, progressivement, à faire renaître au sein de la SRM l'esprit critique et l'indépendance qui y avaient encore cours treize ans plus tôt, lors de l'arrivée au pouvoir de Jean-Marie Colombani. Le bilan qu'ils dressent de sa gestion est sec comme un coup de trique : 149 millions d'euros de déficit cumulés par le groupe, un endettement qui génère 26 millions de frais financiers et d'intérêts chaque année, 100 millions d'endettement, 57 000 lecteurs perdus entre 2002 et 2007 (plus du double

---

1. À l'exception notable, notamment, d'Alain Rollat, auteur de *Ma part du* Monde (Éd. de Paris, 2003), lequel avait collaboré à notre enquête, et de Daniel Schneidermann, que nous n'avions pas rencontré, mais qui s'était insurgé contre le raidissement de la direction au moment de la parution du livre, au point de déclencher son licenciement. Si les rédacteurs du *Monde* étaient cohérents avec leur vote récent, ils devraient réhabiliter le premier et inviter le second à revenir au quotidien.

de l'érosion subie par *Le Figaro*), l'échec notoire du *Monde 2*, le supplément du week-end qui était supposé renflouer les recettes publicitaires, le pillage littéral du groupe PVC-*Télérama* racheté entre 2001 et 2003, date de la vente de sa société informatique d'abonnements et de son bel immeuble, l'impasse du projet de Pôle sud, censé lui aussi renflouer le journal en permettant au groupe, déjà propriétaire de *Midi Libre*, d'acheter à crédit *La Provence* et *Nice-Matin* afin de créer une offre publicitaire multimédia de Perpignan à Ajaccio... La liste des ratages qui jalonnent le règne du trio Colombani-Minc-Plenel[1] est interminable.

Tels Luculius, le petit homme fou qui hante l'album de Tintin *L'Étoile mystérieuse* en frappant son petit triangle pour annoncer la catastrophe imminente, les nouveaux « militants-élus » de la SRM se répandent dans les couloirs de la maison de verre, à la façade décorée par Plantu, dans le 13e arrondissement de Paris, pour alerter leurs confrères sur la « fin du *Monde* ».

Edwy Plenel est le premier à en faire les frais. Son éviction[2], avant celle de ses compagnons de magistère, lui apparaît comme un mauvais coup porté contre le journal : doté d'une incroyable énergie, n'a-t-il pas donné le meilleur de son existence à l'animation rédactionnelle du quotidien ? Il croit dur comme fer aux convictions qu'il affiche, seraient-elles fondées sur l'étrange complexe d'autodidacte

---

1. Contrairement à ce qu'il a déclaré dans une interview publiée par *Marianne* (23 juin 2007), Edwy Plenel a été lourdement impliqué dans tous les choix stratégiques du *Monde* (notamment dans le rachat de PVC, de *Midi Libre*, dans l'endettement par le processus des ORA, obligations remboursables en actions) jusqu'en 2005. Voir notre réponse à son forum, parue dans le numéro de *Marianne* du 7 juillet 2007.
2. En deux temps : en novembre 2004, il démissionne de son poste de directeur de la rédaction du *Monde*, qu'il occupait depuis 1996. Il quitte le journal en octobre 2005.

qui le ronge depuis la fin précoce de ses études. Edwy Plenel promène son visage torturé dans le monde intellectuel français, muni d'un sac à citations dont il extrait, les yeux plissés d'une fausse malice, sa dernière trouvaille. À la tête du journal, il avait réussi son intronisation dans le monde des grands. Hélas, le plus grand citateur du monde peut bien se targuer de « penser contre lui-même », il ne semble pas toujours soucieux de penser par lui-même ; or, ceci est la condition de cela...

Le sort du directeur de la rédaction du *Monde* se joua d'une drôle de manière, dans une voiture conduisant Jean-Marie Colombani, Noël-Jean Bergeroux et Jean-Paul Louveau, les trois membres du directoire, à une réunion du conseil de surveillance, en juin 2005. Sur le ton monocorde et dépassionné qui caractérise habituellement sa voix, le premier annonce aux deux autres sa décision de coopter Plenel au directoire du groupe : il est inévitable de séparer le groupe Le Monde de son vaisseau amiral, le quotidien, selon lui, et l'arrivée de Plenel clarifierait les choses. Il a d'ailleurs déjà promis à Plenel cette promotion qui permettrait à celui-ci de continuer à diriger le quotidien tout en lui évitant de repasser par la case élection, celle-ci n'étant pas gagnée au sein de la SRM en raison de la défiance croissante de nombreux journalistes de la rédaction. Or, Jean-Paul Louveau, fraîchement muté du *Midi Libre*, filiale du *Monde*, refuse d'entériner ce nouveau diktat colombanien. Il vient de prendre en main la gestion du groupe qui se trouve dans une situation financière délicate, et ne souhaite pas s'adjoindre les compétences de Plenel, qui, il le reconnaît du reste lui-même, n'a jamais été bon ami des chiffres et des comptes – tout comme son confrère Colombani, d'ailleurs.

Pour une fois, Noël-Jean Bergeroux trahit son mentor Colombani. Lui non plus ne voit guère d'intérêt à mêler l'homme à la moustache à des conclaves qui seront contraints, compte tenu de la dégradation des comptes, de prendre des mesures forcément impopulaires dès lors qu'elles réduiront le poids de la rédaction dans le groupe. Colombani doit s'incliner. Plenel interprète ce veto comme une trahison, tandis qu'Alain Minc y voit le signe de la diminution de son influence au sein de la rédaction du *Monde*.

Quelques semaines plus tard, l'inventeur du « trotskisme culturel[1] » abandonnait la direction de la rédaction du *Monde* pour un placard doré au *Monde 2*. Il devait quitter le « quotidien de midi[2] », fin octobre 2005, avec un gros chèque dont il n'a jamais révélé le montant, mais qui avoisinerait les 900 000 euros[3]. Conclusion ironique de cet épisode tire-bouchonneux : celui qui avait déclenché la dispute entraînant la chute de Plenel, Jean-Paul Louveau, était lui aussi « remercié », moins d'un an après son arrivée au directoire du groupe, non sans un parachute de 1,3 million d'euros. Ce qui mit la rédaction en fureur : il y avait le feu à la maison, et les « pyromanes » prenaient le large avec des valises de billets ! Ils n'avaient encore rien vu.

Plenel parti, Jean-Marie Colombani pensait que sa réélection à la direction du *Monde* restait possible. Orphelins nostalgiques de leur maître à penser, les « pleneliens » ont quitté un à un le navire. À première vue, le nouveau peuple du *Monde* n'a plus

---

1. Edwy Plenel a toujours souhaité montrer sa fidélité inébranlable, si ce n'est à ses idéaux de jeunesse, du moins à la partie qu'il juge la plus noble de son engagement.
2. Une réforme effectuée sous son magistère a consisté à avancer l'heure de sortie du quotidien, jusqu'à permettre aux salariés de l'acheter avant d'aller déjeuner à Paris, ce qui rend obsolète l'expression, longtemps usitée, de « quotidien du soir ».
3. Edwy Plenel vient d'annoncer qu'il allait réinvestir une partie de ces fonds – 500 000 euros – dans la création d'un site d'information, MediaPart.

grand-chose en commun avec les grognards des années 1980 : les journalistes paraissent plus intéressés par leurs RTT et leurs activités extra-*Mondaines* (livres, radio, etc.) que par le contrôle de gestion ; et puis, à qui veut mettre le nez dans les affaires du groupe *Le Monde*, il faut des heures et des heures de travail acharné pour comprendre les mécanismes reliant les trois étages de son architecture capitalistique, qui permettent au quotidien de « pomper » ses deux premiers pourvoyeurs de fonds, Lagardère et Prisa, sans leur donner le droit à la parole au sein de la holding qui dirige le groupe[1]. L'entreprise est devenue une nébuleuse compliquée, aux arcanes difficiles à pénétrer, même pour un virtuose de la finance moderne. De plus, Colombani disposait encore, pensait-il, de quelques fidèles aux postes-clefs du groupe, notamment Bruno Patino à la tête du *Monde interactif* et de PVC ; grâce à quelques ficelles habilement tirées par son ami Alain Minc, son bilan plutôt sombre pouvait être enjolivé.

Pour faire face à ses pertes et acheter les groupes PVC (*Télérama*) et Midi Libre, ce que l'état réel de ses finances ne lui permettait pas, le groupe Le Monde a émis la bagatelle de 75 millions d'euros d'obligations convertibles en action (ORA), auxquelles ont souscrit plusieurs grandes entreprises[2]. Chacune peut, une fois le terme échu, se faire rembourser en cash ou en actions le prêt ainsi consenti au Monde. Or, à ces 75 millions d'euros s'ajoutent des emprunts bancaires d'un montant équivalent. Pour réduire la dette du groupe, Alain Minc prit donc son bâton de pèlerin et obtint des souscripteurs une modification de la clause de remboursement :

---

[1]. Cela dit sans commisération aucune envers des entreprises qui n'en ont guère besoin.
[2]. Voir Pierre Péan et Philippe Cohen, *La Face cachée du* Monde, *op. cit.*, chapitre 18 « JMC contre J2M ».

désormais, le groupe Le Monde a la faculté, au terme de l'échéance (selon les cas, 2009, 2012 ou 2014), de convertir en actions ces obligations. « J'ai fait appel à leur "esprit civique" », a dit Alain Minc. Accessoirement, il n'a pas été difficile à chaque actionnaire « extérieur[1] » du Monde de comprendre le dilemme devant lequel il était placé : chacun ayant voté des deux mains, pendant des années, les mirifiques plans de développement du duo Minc-Colombani, se déjuger en cette période difficile serait revenu à reconnaître qu'on avait somnolé durant toutes ces réunions du conseil de surveillance... Tous les souscripteurs ont donc signé la fameuse clause de Minc, et les commissaires aux comptes ont aussi fait un « geste » (se muant ainsi en commissaires aux contes ?) en acceptant de considérer que les 75 millions d'euros, qui figuraient jusqu'alors comme une dette dans le bilan, pouvaient désormais être assimilés à des « quasi-fonds propres ».

Transformer de la dette en capital, voilà un rétablissement acrobatique... effectué cependant au détriment des propriétaires du quotidien, en premier lieu de la SRM, comme le dénoncent alors ses dirigeants : de fait, cette opération a réduit le poids de celle-ci dans le capital du groupe, déjà passé de 33 % en 1994, l'an I de l'ère Colombani, à 21,9 % en voix et 13,2 % en parts réelles de capital. Il est vrai que, entre-temps, le groupe s'est « enrichi » de *Télérama*, de *Courrier international* et de *Midi Libre*. Mais l'élar-

---

1. Le langage maison distingue en effet les actionnaires dits intérieurs (société des rédacteurs, société des personnels, l'association Beuve-Méry qui rassemble les anciens dirigeants du *Monde* et la famille Beuve-Méry) des actionnaires extérieurs, qui sont pour l'essentiel des grandes entreprises : outre Prisa et Lagardère, plusieurs groupes industriels comme la Sagem, et de nombreuses banques, compagnies d'assurances et mutuelles, comme Axa, la BNP ou les Caisses d'épargne, mais aussi des entreprises de service comme Suez, etc.

gissement du périmètre du groupe Le Monde faisait-il partie des objectifs des journalistes actionnaires ? Et surtout cette « transcroissance » méritait-elle d'endetter *Le Monde* à hauteur – réelle – de 140 millions d'euros ?

En fait, le nouveau bonneteau que représente le désendettement du *Monde*, au prix d'une sérieuse érosion de son indépendance, ne suffit pas à convaincre les journalistes. Une opposition anti-Colombani s'est déjà bien structurée. Certains sont persuadés que leur patron élu et réélu dans un fauteuil depuis 1994 est en train de les emmener droit dans le mur. Secondairement, leur acrimonie est aussi dirigée contre Alain Minc. Mais, comme dans les *Dix petits nègres*, le meurtre de Colombani doit précéder celui de Minc.

Pour être reconduit dans ses fonctions à la tête du *Monde*, Jean-Marie Colombani devait recueillir, selon les statuts, 60 % des suffrages au sein de la société des rédacteurs. Sa contestation d'une règle et des statuts qu'il avait lui-même mis en place[1] confirma qu'il avait perdu tout sens du ridicule – et aussi, peut-être, que le sens de la dignité s'était dissipé dans son esprit.

Par son vote du 22 mai 2007[2], la SRM a donc montré que ce fameux pouvoir journalistique, établi cinquante-six ans plus tôt, avait de beaux restes. Beaux restes dont a fait les frais, en septembre 2007, le troisième larron de la direction du quotidien, Alain Minc, qui a dû renoncer au poste de président du conseil de surveillance du *Monde* qu'il occupait

---

1. Pierre Péan et Philippe Cohen, *La Face cachée du* Monde, *op. cit.* C'est en effet Colombani lui-même qui a proposé d'abolir la disposition des statuts de la SRM prévoyant une élection contradictoire du directeur du *Monde*.
2. Jean-Marie Colombani n'avait recueilli que 48,5% des votes favorables contre 46,7% de votes défavorables (3% d'abstention).

depuis 1994. Ce dernier a fait l'objet, après le limogeage de Colombani, d'une motion de défiance adoptée par la quasi-totalité des sociétés de personnels et de journalistes du groupe. Opprobre que le P-DG d'AMC-Conseil ne pouvait, lui aussi, que trouver totalement injuste : vu de sa fenêtre, pendant treize ans, il n'a eu de cesse que de renflouer les caisses du quotidien que Jean-Marie Colombani et Edwy Plenel s'échinaient à vider avec constance, tant la bonne gestion échappait à leur univers mental. Bien sûr, l'histoire est un petit peu plus complexe que cela, et la présence d'Alain Minc à la tête du conseil de surveillance du *Monde*, quoique non rémunérée, n'a pas eu que des inconvénients pour le consultant, dès lors qu'elle pouvait laisser supposer à ses clients et prospects qu'il exerçait un pouvoir occulte, probablement supérieur à celui qu'il avait réellement. Mais on peut comprendre son refus insistant de partir sous les crachats, quand ses deux compères avaient quitté *Le Monde* avec les honneurs, de fortes indemnités consolatrices et un statut de victime...

Il faut saluer ce réveil même tardif du pouvoir rédactionnel au *Monde*. Démontre-t-il pour autant la capacité des journalistes à redresser l'entreprise et à remettre le quotidien sur de bons rails ? On l'espère sincèrement, tant Dumay et ses amis semblent animés par de nobles convictions – on a parfois l'impression qu'elles leur ont été transmises par un saut de génération, passant directement de Beuve-Méry aux quadragénaires d'aujourd'hui, par-dessus la strate « soixante-huitarde » incarnée par Colombani et Plenel. Qu'il soit exercé par des journalistes ou par d'autres, le pouvoir ne saurait être une fin en soi. Concernant le quotidien de référence, l'important sera de déterminer au service de quel journalisme il se place.

Comment *Libération* est rentré dans le rang

Entre révolte et servitude, 3

On n'échappe pas facilement à la tradition nationale : même à *Libération*, l'autogestion a pris la forme d'un bonapartisme éclairé, comme si la France ne pouvait engendrer une autre forme de pouvoir.

Lancé avec la bénédiction sartrienne en 1973, le « quotidien des luttes » est devenu le « journal de Serge » en moins de temps qu'il n'en fallut aux gauchistes de l'époque pour « passer du col Mao au Rotary Club », selon l'expression du regretté Guy Hocquenghem. Dans son film réalisé en 1981 *Toutes les histoires de dragon ont un fond de vérité*[1], Gérard Guégan tient la chronique minutieuse de l'incroyable putsch fomenté par July entre février et mai, recueillant à chaud les témoignages d'une quinzaine d'acteurs. La plupart d'entre eux, notons-le au passage, ont dû quitter le quotidien à l'occasion des crises qui ont ensuite émaillé l'histoire du quotidien, quand ils n'avaient pas été évincés dès 1981. Avant ce tournant, ils formaient une bande de « produc-

---

1. *op. cit.*

teurs d'informations » (peu étaient des journalistes professionnels) qui avait inventé un petit miracle dans la presse française : un quotidien, créé sans capitaux ou presque, émancipé de l'actualité institutionnelle. Ils fabriquaient un « journal de désir »... tout un programme. Après la réunion de rédaction, qui démarrait vers 13 heures, l'animateur du jour égrenait le menu de l'actualité. Quand un sujet trouvait preneur, il demeurait dans le sommaire, sinon, il passait à la trappe : ne s'agissait-il pas d'éditer sans entraves ? La formule offrait le pire et le meilleur de ce que peut être un journal : des reportages inédits, des piques irracontables, des Scud humoristiques, des éclairs rimbaldiens, mais aussi des ratages, des demi-mensonges et quelques dérapages.

Au début des années 1980, les temps changeaient. « Serge » en avait assez de ce joyeux capharnaüm qui avait, pensait-il, épuisé tous ses charmes : trente mille lecteurs fans permettaient à soixante salariés de vivre, certes, mais d'une existence de smicards marginaux à qui il arrivait, par accident ou talent, de tremper leur plume dans une encre sublime. *Libé* était différent, sans doute, mais son lecteur ne pouvait être réellement informé sur le monde sans compléter sa lecture par celle d'un journal « sérieux », même si, par ailleurs, le quotidien délivrait beaucoup d'informations inédites et de perceptions singulières sur la société française. Pour Serge July, la poursuite de l'aventure passait obligatoirement par une mutation. *Libé* devait devenir un « grand journal » du matin – un *Washington Post* français qui comblerait les attentes de ses lecteurs, le quotidien des modernes, de tous les soixante-huitards entrés dans la vie active, cadres ou professeurs, artistes ou patrons de PME innovants qui aspiraient à se sentir bien dans ce monde-là, voire à le gouverner, puisqu'ils avaient échoué à le changer.

Pour mener à bien cette révolution – ou cette contre-révolution, disaient certains –, Serge July adopta une méthode incroyable : comme un proviseur autoritaire de l'après-Mai annonçant la fermeture de l'établissement avec réinscription individuelle, il réunit ses troupes pour leur annoncer que le journal suspendait sa parution pour plusieurs mois, qu'il allait trouver des capitaux pour le refonder et qu'il ne laisserait à nul autre que lui-même le soin de licencier, reconduire ou promouvoir les membres de l'équipe. Sa « proposition », qui ressemblait à celles qu'on ne peut refuser à cause de ce sacré pistolet qui vous chatouille la tempe, finit par s'imposer. Bien sûr, July ne fit pas l'économie d'un affrontement politique avec quelques « résistants ». La plupart des journalistes attendirent près de leur téléphone, comme des aspirants-ministres espérant un appel de Matignon...

Entre janvier et mai 1981, July, le directeur artistique Claude Maggiori et quelques chefs triés sur le volet concoctèrent donc « *Libé* 2 », pariant, grâce au légendaire flair politique de July, sur une nouvelle victoire de Valéry Giscard d'Estaing à l'élection présidentielle. Nous est resté de leur *brainstorming* le fameux losange rouge de la nouvelle formule, figure géométrique un peu statique censée évoquer la réflexion et le débat au sein d'une gauche supposée défaite...

On connaît la suite. La gauche a gagné, mais cela n'a pas empêché le coup du losange de fonctionner. *Libération* est devenu un quotidien « professionnel », accueillant à la publicité, ouvert à une nouvelle race de journalistes frais émoulus de Sciences-Po et du CFJ[1], et doté d'une hiérarchie des salaires

---

1. Centre de formation des journalistes, réputé meilleure école de journalisme française avant de faire faillite dans les années 1990, puis de renaître de ses cendres sous le nom de CFPJ.

supposément fondée, comme partout, sur le « mérite ». En même temps, le journal devint à la mode jusque dans les allées du pouvoir. Libéral et libertaire, formule qui coïncidait admirablement bien avec la gestion mitterrandienne de la gauche consistant à compenser la conversion au marché par une radicalité intransigeante sur les questions de société. Une vraie *success story* des années 1980... qu'il aurait fallu intégralement renouveler dans les années 1990, lorsque les cadres et les classes moyennes furent à leur tour touchés par l'insécurité sociale. Mais la « bande à July » était déjà enfermée dans sa bulle, incapable de percevoir le désastre social, écologique, civilisationnel et peut-être anthropologique causé par le néolibéralisme qui s'installait un peu partout dans le monde. Les journalistes, pourtant plus proches du corps social que la direction, n'ont pas sonné l'alarme, ou bien trop tard. Ils auraient pu voir le coup venir : depuis 1993, les cadres ne croyaient plus au management moderne, ils avaient l'impression que les *staffs* des entreprises fonctionnaient comme des bandes mafieuses, les petits commerçants étaient paupérisés par la grande distribution, les syndicats détruits dans tout le secteur privé ; le journal aurait dû à nouveau brandir l'étendard de la révolte au nom des classes moyennes et du peuple.

Il se passa exactement le contraire. Bien que déplorant les difficultés du chômage, le journal applaudit au nouveau capitalisme financier et Serge July voulut l'« américaniser » plus encore en lançant « *Libé* 3 », une formule inspirée du *New York Times* qui comportait plusieurs sections et une énorme édition le week-end. L'échec du « quotidien total » fut patent dès le premier jour, symbolisé par un bogue informatique qui priva les kiosques des exemplaires de la nouvelle formule le matin même de son lancement. July réagit conformément à ce qu'il avait appris à la Gauche prolétarienne : il sacrifia son vieux camarade Jean-Louis Peninou pour se dédouaner de l'échec et s'entêta à imposer une formule mégalomaniaque et coûteuse qui manifestement ne convainquait pas son lectorat ni n'accroissait son périmètre.

Depuis cette formule, qui revint progressivement à des mensurations plus modestes avant d'être, tardivement, complètement abandonnée, l'équipe de *Libération* a vécu l'inexorable érosion de ses ventes et de son influence, malgré la courte embellie du printemps du Net, à la fin du millénaire.

Dès 1997, en effet, le quotidien était l'un des premiers journaux à éditer une formule sur le Web. Les dirigeants de *Libération*, à l'instar du Tout-Paris du management, croyaient avoir trouvé la lanterne magique qui éclairerait les années 2000 : Internet allait, ils en étaient convaincus, bouleverser la donne médiatique. À vrai dire, ils n'avaient pas tort, sauf que les changements ne furent pas ceux qu'ils attendaient et qu'ils n'intervinrent pas au rythme escompté. Les sites, pensaient-ils alors, coûtent de l'argent, mais vont en rapporter beaucoup. Les *first players*, comme disaient les affairistes du Web, allaient forcément être les gagnants de cette mutation.

Libération trouva donc un nouvel investisseur, le fonds de capital-risque 3i. Mais l'embellie ne dura pas. En 2001, le krach des valeurs technologiques remettait les pendules à l'heure et plongeait dans le rouge les comptes de *Libération*. Dès lors, le nouvel actionnaire n'eut de cesse de se désengager, ce qu'il parvint à faire, péniblement, en avril 2005, en cédant 38 % du capital du journal à Édouard de Rothschild.

Lors de ce rachat, la Société civile des personnels de *Libération* (SCPL) qui réunissait les journalistes et les personnels du quotidien cessa d'être majoritaire dans le capital. Quoique disposant de pouvoirs considérables, notamment un droit de veto sur les grandes décisions concernant le quotidien, telles l'augmentation de capital, la filialisation ou la désignation du P-DG, la SCPL n'a jamais, en réalité, exercé un contre-pouvoir journalistique très percutant, déléguant très largement ses prérogatives au chef charismatique qui avait pris les rênes de *Libération* en 1981. Pendant quinze ans, et à la différence de la SRM du *Monde*, la SCPL n'a eu que peu de débats sur la ligne éditoriale du journal. Son fonctionnement la rapprochait davantage d'un syndicat – « jaune », ajoutent méchamment certains dissidents – que d'une véritable société des rédacteurs.

Édouard de Rothschild n'est pas du métier. Il a la faiblesse de prêter foi au *business plan* totalement irréaliste que lui présentent Louis Dreyfus, l'administrateur de l'entreprise[1], et Serge July. Les consultants à son service, issus du groupe Vivendi, se montrent tout aussi inconscients de la pente glissante sur laquelle est engagé le journal. Bref, Rothschild investit dans le titre 20 millions d'euros qui seront vite engloutis par la chute catastrophique des recettes publicitaires et des ventes du quotidien.

Le changement capitalistique a aussi entraîné l'ouverture de la clause de cession[2] : les journalistes peuvent « profiter » du plan social et choisir de quitter le *Titanic* de papier. Épaulé par l'ancienne équipe de Jean-Marie Messier, Agnès Touraine en tête, le nouveau patron comprend assez vite mais trop tard, qu'on lui a « fait les poches », comme le

---

1. Devenu depuis directeur général du groupe Nouvel Observateur.
2. En France, une loi prévoit en effet que le changement d'actionnariat d'un titre permet aux journalistes de partir avec une indemnité calculée sur le nombre d'années de présence dans le titre (chaque année équivalant au montant du dernier mois de salaire).

dira, non sans ironie, une journaliste au cours d'une assemblée générale. Au lieu de 1,5 million de pertes prévu dans les documents comptables fournis au moment du rachat de l'entreprise, *Libération* accuse une perte de 9,1 millions d'euros ! Les *cost killers*, petits hommes gris du groupe Rothschild, arrêtent les frais et exigent de l'équipe une restructuration drastique *via* un nouveau plan social, adossé, cette fois, à la clause de conscience[1] : selon le calcul d'Agnès Touraine, neuf millions d'euros équivalent à 92 emplois à 70 000 euros pièce. Ainsi va la philosophie de l'entreprise dans les cénacles du management moderne ! À force de discussions, Serge July et Louis Dreyfus, le directeur général de *Libération*, obtiennent de limiter la casse à 52 suppressions d'emplois. Le plan Rothschild devient le plan July. Il n'évite pas le déclenchement d'une grève, votée à une très large majorité le 21 novembre 2005.

Ce jour-là, l'impensable se produit. Les cadres de la rédaction, journalistes quadragénaires avec lesquels Serge July a noué une alliance de fait, sont débordés par un « nouveau peuple » : des dizaines de salariés de moins de trente-cinq ans, assis par terre au milieu du « hublot », surnom donné à la salle où se tiennent les AG. Leurs visages sont

---

[1]. Autrement dit, un journaliste ayant travaillé vingt-cinq ans à *Libération*, salarié à hauteur de 4 000 euros, peut ainsi quitter le journal avec la somme rondelette de 120 000 euros. Cette disposition, fondée au départ pour préserver la liberté de conscience des journalistes, est aujourd'hui manifestement utilisée à d'autres fins : le journaliste négocie parfois une embauche dans un nouveau titre avant d'encaisser le pactole de son départ sans pour autant désapprouver les orientations ou l'idéologie du nouveau propriétaire. Malgré cela, le législateur a élargi la clause de conscience, la transformant en clause de cession automatique, ce qui finit par pénaliser les investisseurs : tout acheteur potentiel de journal sait en effet qu'il va devoir débourser une somme non négligeable pour financer l'usage de la clause de cession. À *Libération*, Édouard de Rothschild a dû ainsi débourser 1,4 million d'euros. Ce fut autant d'investissements en moins pour le quotidien de la rue Béranger à Paris.

sombres, presque fermés. Ce ne sont pas, pour la plupart, des « plumes » du quotidien, mais des « ouvriers de l'info », rédacteurs d'Internet ou du Guide, jeunes éditeurs, etc. Pour eux, « Serge » (July) n'est qu'un prénom. À leur entrée dans l'entreprise, le patron charismatique de *Libération* ne leur a jamais été présenté, comme s'il convenait de les confirmer dans leur statut de piétaille. Dans leur esprit, le chef est dépassé, dépourvu d'idées depuis des années. Il leur a présenté un plan « bidon », d'une « incroyable vacuité », dit l'un d'entre eux en AG.

Deux jours plus tard, dans le hublot, les propos se radicalisent : « Moi, j'ai envie que July pointe à l'ANPE ! », martèle tranquillement une gréviste. Silence de plomb dans l'assemblée. Debout, face à cette « jeune garde » qu'ils semblent découvrir, quelques rescapés de l'équipe fondatrice du journal, comme Sorj Chalandon et Béatrice Vallaeys, voire les ex-soutiers de « *Libé* 2 » montés en grade, comme Sybille Vincendon, Nicole Pénicaut, Pierre Haski[1] ou Éric Favereau, ainsi que les quadras qui sont aux manettes de la rédaction, protègent encore leur patron. « On ne livrera pas la tête de July sur une pique », s'exclame l'un d'entre eux. Ce donquichottisme de façade cache mal le doute qui les étreint et qu'exposera plus tard l'un d'entre eux, Éric Aeschimann, dans un petit essai instructif[2]. Car tous les anciens ou demi-anciens se souviennent ou ont entendu parler de la collection de coûteuses bévues que traîne comme un boulet le fondateur de *Libération* : outre l'échec de « *Libé* 3 », évoqué plus haut, celui de *Lyon-Libération* à la fin des années 1980, celui de Radio-Libération en 1982, une sorte de

---

1. Aujourd'hui à la tête du site Rue89, qu'il a fondé avec deux compères de *Libération*, Laurent Mauriac et Pascal Riché.
2. *Libération et ses fantômes, op. cit.* Étrangement, l'opus, pourtant fort critique à l'endroit de Serge July, lui est dédié.

France Info avant l'heure, celui des magazines de fin de semaine qui n'ont jamais réussi à atteindre le prestige (relatif) de *Sandwich* qui précédait « *Libé 2* », à la fin des années 1970. Et pour faire bonne mesure, on apprend que Serge July, non content de s'être fait octroyer 3 millions de francs de stock-options[1] à l'insu de ses salariés à la fin des années 1990, a négocié avec Rothschild l'assurance que son salaire lui serait versé jusqu'à ses soixante-dix ans. Les futurs chômeurs n'ont pas oublié ses envolées indignées contre le scandale des régimes spéciaux de retraite. Combien d'échecs et de trahisons a-t-il fallu pour ternir la stature du P-DG de *Libération* !

Reste à déterminer selon quelles modalités et par quelle personnalité on peut remplacer un chef aussi charismatique que July. Certains, comme Pierre Marcelle, ont cru qu'il serait aisé de recruter un leader plus fringant pour succéder au monarque fatigué. Edwy Plenel semblait taillé pour le job : depuis quelques mois, il disposait de tout son temps, en plus de l'immense avantage d'être la figure emblématique des milieux du trotskisme culturel qu'ils fréquentaient assidûment. Une lecture hâtive de l'histoire du *Monde* pouvait encore donner l'illusion que, sous son magistère, les ventes avaient toujours été au rendez-vous. À la différence de tous les cadres « maison », il était porteur d'un véritable projet journalistique – faire de *Libération* l'étendard d'une nouvelle gauche radicalement démocratique.

Sa candidature retenue, quelques réunions lui permettent d'obtenir le soutien des responsables de la SCPL, ainsi que celui de toutes les équipes syndicales du quotidien. Aussi son exposé, brillant, pro-

---

[1]. Même si, au bout du compte, le fondateur de *Libération* n'a jamais pu toucher cet argent, les repreneurs de 3i ayant exigé qu'il réinvestisse ses stock-options dans le quotidien.

noncé devant la rédaction le 13 octobre 2006, emporte-t-il l'adhésion d'une majorité de journalistes présents, notamment des plus jeunes. Faut-il imputer son échec final à la reprise en main du quotidien par l'actionnaire Édouard de Rothschild ? Selon sa version et celle de Laurent Mauduit[1], la déconvenue de Plenel s'explique d'abord par l'intervention de représentants de l'establishment, et notamment celle, peu désintéressée, d'Alain Minc. Il est vrai aussi que les journalistes n'avaient plus les moyens d'imposer leurs desiderata. De toute façon, on ne remplace pas un Bonaparte par un autre. Et la froide programmation du plan Plenel[2] ne lui a pas valu que des amis rue Béranger. De ce point de vue, la rondeur de Laurent Joffrin, qui avait déjà été à la tête du quotidien dans les années 1990, et qui est finalement sélectionné par l'actionnaire puis soutenu à une légère majorité par la rédaction pour prendre les rênes du quotidien, fleure bon – sans vouloir l'offenser – sa république des notables. Plenel aurait mis le quotidien au service de « l'information-vérité » et de la « radicalité démocratique » ; Joffrin tentera de faire de *Libé* un journal œcuménique de toute la gauche – de Bayrou à Bové[3].

Edwy Plenel ou Laurent Joffrin ? Il ne s'agit pas ici de revenir sur le choix du dirigeant ni de hasarder une comparaison entre les capacités respectives des deux hommes à redresser le quotidien. Pour autant,

---

1. Voir son ouvrage *Petits conseils* (Stock, 2007), et notamment le chapitre « Du cousu Minc pour *Libération* ».
2. L'organigramme, comprenant un directeur de la rédaction extérieur, et une liste de « disgrâciés » étaient, selon certains témoignages internes, déjà prêts.
3. Après avoir, durant toute la campagne présidentielle de 2007, cogné sur Bayrou – et pas toujours au-dessus de la ceinture –, le *Libé* nouveau est aujourd'hui prêt à l'intégrer dans cette gauche aussi vaste que dépourvue de cohérence idéologique. Mais peut-être le quotidien entend-il se mettre, lui aussi, à l'heure de l'ouverture...

l'éviction du premier au profit du second constitue bien, après la chute de la maison July, un nouveau revers pour le pouvoir des journalistes : la SCPL n'a pu que s'incliner devant l'actionnaire dès lors que la survie du journal était en jeu. La mort dans l'âme, ses animateurs ont dû céder aux exigences d'Édouard de Rothschild et renoncer à leur fameux droit de veto sur les décisions stratégiques dont elle disposait. À présent, *Libération* est vraiment devenu une entreprise comme les autres.

La bataille des *Échos*
Sociétés de journalistes : le retour ?

Entre révolte et servitude, 4

Il faut bien l'admettre, l'effacement du pouvoir journalistique à *Libération* est plus en harmonie avec l'époque, qui est celle de l'actionnaire-roi, que la renaissance de ce pouvoir au *Monde*. Il faut dire que le redressement du *Monde* exigerait une cure d'amaigrissement qui est exactement le contraire d'un programme électoral. Il faudrait non seulement délester le groupe, au moins du pôle Midi Libre, comme l'ont bien compris les journalistes en subordonnant l'élection de Pierre Jeantet à la tête de l'entreprise à son adhésion à cette décision, mais aussi, très probablement, se séparer définitivement de l'imprimerie, définir un nouveau modèle économique permettant d'harmoniser les activités Internet et papier, et enfin, proportionner l'effectif et la pagination aux recettes que laissent espérer les ventes et la publicité. Pour un grand nombre de salariés, adopter un tel plan reviendrait à accepter par avance leur propre licenciement, ce qui supposerait un sens du sacrifice peu commun.

L'exemple du *Monde* montre bien que confier aux journalistes la gestion d'une entreprise de presse n'est pas forcément le meilleur service à leur rendre, car l'opération les écartèle entre leur liberté professionnelle, leur solidarité de salariés et leur responsabilité d'actionnaire.

Au-delà des issues provisoirement divergentes auxquelles ont abouti les crises du *Monde* et de *Libération*, les cas des deux quotidiens présentent une similitude : leurs statuts ne se bornaient pas à donner aux journalistes un droit de veto ou de regard sur la ligne éditoriale, ils leur attribuaient aussi un pouvoir dans la gestion. Or force est de constater, pour l'un comme pour l'autre, l'incapacité des sociétés de journalistes à faire face aux mutations de leur secteur d'activité. Durant les périodes de croissance, elles se sont montrées très généreuses, probablement aiguillonnées par des syndicats qui exerçaient une influence considérable sur les destinées de l'entreprise dans la mesure où ils pouvaient constituer un réservoir de clientèle pour les candidats à la direction du journal. Mais quand le temps des vaches maigres est arrivé, cette générosité sociale s'est révélée d'une grande imprévoyance. Plutôt que de se livrer à une autocritique, forcément désagréable, les journalistes ont alors théorisé leur échec. La mauvaise santé économique des entreprises éditrices ne pouvait s'expliquer que par des raisons exogènes, relevant plus ou moins de la fatalité : la presse quotidienne n'est-elle pas « structurellement déficitaire » ? C'est en surfant sur cette thématique confortable pour les journalistes et les personnels que le trio Plenel-Colombani-Minc a dirigé et endetté *Le Monde* entre 1997 et 2004. C'est en invoquant à tout propos la « sous-capitalisation » du journal que Serge July a justifié que *Libération* n'a guère connu la prospérité, même quand il était le « quotidien à la mode ».

À première vue, ces arguments paraissaient pleins de bon sens. En accordant de larges subventions à la presse quotidienne française[1], l'État, dans sa grande sagesse, ne donnait-il pas raison à ceux qui affirmaient qu'un quotidien ne peut pas gagner d'argent ? Peut-être.

Pourtant, le spectacle offert par des dirigeants de presse français clamant depuis des années l'impossibilité de faire des bénéfices dans la presse donne à penser que la protection de l'État, le corporatisme et la limitation de la concurrence, notamment en province, ont fini par produire une sclérose gestionnaire dont ce secteur ne s'est pas encore relevé. Quiconque a travaillé dans un quotidien n'a pu qu'être frappé par le gaspillage qui a longtemps régné à toutes les étapes de la gestion. En général, les effectifs de journalistes sont davantage indexés sur les ambitions de la direction de la rédaction, qui lorgne plutôt du côté du *New York Times* que du *Télégramme de Brest*, que sur les recettes possibles du

---

1. L'État aide la presse quotidienne française notamment en lui octroyant des tarifs postaux bas, grâce à la péréquation appliquée dans le calcul des coûts de distribution qui la favorise par rapport à la presse magazine, grâce à l'aide versée à l'AFP et à des charges sociales allégées.

titre. La CGT du Livre fait peser sur les comptes des quotidiens une charge considérable à laquelle jamais personne n'a pu s'opposer sérieusement, même une fois ledit syndicat affaibli par les nouvelles technologies, puis par une scission en son sein[1]. Par ailleurs, les dirigeants des quotidiens français se sont montrés incapables de réagir à temps et de manière pertinente aux mutations de l'information. Les branches Internet des journaux ont été développées sans véritable réflexion et contre la volonté des rédactions « papier »[2]. Bref, à quelques exceptions près – *Le Figaro* à certaines périodes, *La Croix* depuis quelques années et *Ouest France* depuis toujours –, les patrons de presse ne se sont guère montrés plus efficaces que les élus des sociétés de journalistes placés à la tête du *Monde* et de *Libération*.

Le résultat de cette impéritie largement partagée est que les actionnaires des quotidiens, notamment régionaux, sont contraints aujourd'hui d'effectuer une mutation accélérée pour sauver leurs entreprises. Or, celle-ci est très ardue dans un journal dirigé par un journaliste élu. Autant dire qu'il est délicat de définir la bonne méthode de gestion d'un quotidien. Quand les financiers sont au pouvoir, on se plaint de la dictature des ventes. Si ce sont les journalistes, on a toutes les chances de vivre dans le déficit. Pour autant, l'idée, de plus en plus répandue

---

1. Voir à ce sujet l'ouvrage publié par Emmanuel Schwartzenberg, *Spécial dernière : Qui veut tuer la presse quotidienne française ?*, Calmann-Lévy, 2007.

2. Ce que l'on peut comprendre en constatant la misère du travail journalistique dans la plupart des sites Internet (*cf.* le chapitre suivant, « Ne dites pas à ma mère... », p. 193). Mais la misère en question est aussi le résultat de cette défiance.

dans le management moderne de la presse, qu'une société éditrice doit devenir une entreprise comme les autres n'est pas acceptable et sans doute peu efficace en dernière analyse.

Il faut bien avouer que, dans un grand nombre de cas, la création en fanfare de sociétés de rédacteurs s'est révélée un exercice quelque peu formel. Les directions ont parfaitement compris qu'elles pouvaient, en offrant au président démocratiquement élu de ladite société une promotion bien méritée, développer ses facultés de « compréhension » – ce qui signifie en bon français que les petits cadeaux suffisent souvent à calmer les velléités contestataires. Cela dit, on a aussi pu observer, au cours des dernières années, plusieurs exemples de sociétés de journalistes qui ont réussi à agir avec une certaine efficacité pour préserver l'indépendance du métier.

Au cours de la longue période électorale que la France a traversée en 2006 et en 2007, les deux sociétés de journalistes des titres appartenant au groupe Lagardère, *Paris Match* et *Le Journal du dimanche*, dont les rédactions ne s'étaient jusque-là pas particulièrement illustrées par leur insolence, ont été capables de réagir à des actes patents de censure : le limogeage d'Alain Genestar plusieurs mois après la fameuse « une » de *Match* affichant Cécilia Sarkozy au côté de son compagnon du moment et le passage à la trappe d'un article du *JDD* révélant l'abstention de la même au second tour de l'élection présidentielle en mai 2007.

Auparavant, lorsque, en 1997, Alain Minc et Jean-Marie Colombani avaient voulu mettre la main sur *L'Express* et, par la même occasion, éconduire Denis

Jeambar qui dirigeait alors l'hebdomadaire, la société des journalistes s'était mobilisée pour enrayer l'opération, allant même – *horresco referens* – jusqu'à accepter l'entrée au capital du groupe de Serge Dassault, ce dont les journalistes de *L'Express* n'ont guère eu à se plaindre jusqu'à la revente de leur titre au groupe Roularta, en 2006.

Au *Nouvel Observateur*, la société des journalistes s'est opposée en 2002, sans succès, il faut bien le dire, au rapprochement capitalistique avec *Le Monde* conduit par Claude Perdriel, arguant de l'incongruité qu'il y avait à échanger les actions d'une société en bonne santé (le groupe Nouvel Observateur) contre celles d'une entreprise en difficulté (*Le Monde*). Mais, lorsqu'en 2007 Claude Perdriel, membre du conseil de surveillance du *Monde*, a voulu imposer à toute force le maintien de son ami Jean-Marie Colombani à la tête du quotidien en dépit du vote hostile de toutes les sociétés de personnels et de journalistes du groupe, la société des rédacteurs du *Nouvel Observateur* a pu s'octroyer une petite revanche et manifester sa solidarité avec ses confrères du groupe Le Monde... Et on peut raisonnablement penser que seul le contre-pouvoir de cette société des rédacteurs a empêché Claude Perdriel de nommer Colombani à la tête de son hebdomadaire quand Laurent Joffrin est parti à *Libération* à l'été 2007 : il savait bien qu'il déclencherait une guerre frontale à l'issue incertaine, tant l'ancien patron du *Monde* était toujours aussi peu populaire parmi les troupes de *L'Observateur*.

En septembre 2007, la très pacifique société des journalistes du *Figaro* s'est insurgée contre le projet de limogeage de trois journalistes [1], avant de prendre officiellement position contre les manifestations d'autoritarisme de la direction [2]. Las ! Quelques semaines plus tard, ladite société des rédacteurs changeait de bureau, élisant un « crocodile », Philippe Bouvard, tandis que le départ d'Armelle Héliot, qui en avait longtemps été l'animatrice résolue, était confirmé...

Dans le cas du quotidien *Les Échos*, l'intervention des journalistes est encore plus remarquable, pour plusieurs raisons. D'abord, *Les Échos*, racheté en 1988 par le groupe Pearson, éditeur du *Financial Times*, est l'un des rares quotidiens français à afficher une enviable rentabilité : en 2006, son bénéfice s'élevait à 11,5 millions d'euros pour un chiffre d'affaires de 122 millions d'euros (dont une partie non négligeable est générée par des produits dérivés, lettres d'information, dossiers documentaires, conférences, formations). Le quotidien économique a, il est vrai, accompli un effort considérable pour parvenir à une meilleure lisibilité. Sa rédaction comprend de nombreux journalistes reconnus comme experts dans leur domaine grâce au maintien du principe de spécialisation souvent abandonné dans les autres organes de presse. En même temps, en se rapprochant par le contenu d'un quotidien généraliste, il a su profiter de l'affaiblissement du *Monde* pour devenir un quotidien de référence auprès des élites écono-

---

1. Armelle Héliot, rédactrice en chef « culture », Philippe Mathon, rédacteur en chef du site figaro.fr, et Clémence Boulouque, chroniqueuse littéraire.
2. *Cf.* le site marianne2.fr, « Exclusif : trois journalistes menacés au *Figaro* », 19 septembre 2007, et « *Figaro* : la direction recule, les journalistes s'entêtent », 28 septembre 2007.

miques et même politiques. Ensuite, si la rédaction des *Échos* est plutôt de centre gauche[1], ses journalistes sont de fervents défenseurs de la concurrence, ce qui confère une cohérence et une légitimité intellectuelles à leur mobilisation contre la vente de leur journal au groupe LVMH, déjà propriétaire de *La Tribune*.

Cela n'a pas traîné. Au début du mois de juin 2007, peu après l'annonce par le groupe Pearson de son intention de vendre le groupe Les Échos, une société des journalistes très représentative, comptant 223 journalistes, soit la quasi-totalité des rédacteurs du groupe, voit à nouveau le jour. Il n'en existait plus au sein du journal depuis les années 1970. Si le « grand public » n'a guère eu vent du bras de fer qui a opposé les journalistes au propriétaire du titre, cette affaire n'en revêt pas moins une importance cruciale pour l'information économique en France, donc pour l'information tout court : la place conquise par le quotidien économique en fait, répétons-le, un média de référence, qui donne le ton du traitement de l'actualité économique dans tous les médias écrits ou audiovisuels.

Le groupe Pearson estime que le groupe Les Échos est un « actif non stratégique », essentiellement à cause de sa langue, le français, qui interdirait la commercialisation dans le monde de ses « produits d'information ». Mieux vaut donc, pour les stratèges du groupe, se recentrer sur le *Financial Times* et en exploiter davantage les contenus en langue anglaise.

---

1. Comme le révèlent les votes internes réalisés avant les élections présidentielles de 2002 et de 2007, qui donnaient le candidat de gauche en tête.

Société cotée en Bourse, Pearson pouvait difficilement dédaigner l'offre d'achat que lui a faite Bernard Arnault au nom du groupe LVMH : 340 millions d'euros[1], soit 90 millions de plus que le prix de vente espéré[2] et 90 de mieux que les évaluations courantes de l'entreprise ! D'où la décision de Pearson de concéder à LVMH une période d'exclusivité de l'offre courant de la mi-juin à novembre 2007, tout en indiquant que l'accord des personnels et les garanties d'indépendance offertes par le repreneur feraient partie de ses critères de choix...

Mais la proposition du patron de LVMH Bernard Arnault a immédiatement provoqué une levée de boucliers au sein de la rédaction des *Échos*. Une première grève, le 12 juin – la dernière remontait à... 1988 ! –, est suivie par la quasi-totalité des personnels. Les journalistes ont un argument de poids : LVMH est un groupe omniprésent dans l'actualité économique, d'où le risque, pour les journalistes des *Échos*, de fréquents conflits d'intérêts si le journal venait à tomber dans l'escarcelle d'Arnault. Le raisonnement ne laisse pas d'être convaincant, même si, en réalité, les motivations des journalistes tiennent surtout aux conditions de travail qu'ils observent chez leurs confrères de *La Tribune*, leur principal concurrent en France. D'une part, malgré des investissements importants, *La Tribune* reste

---

1. Le prix officiel était de 240 millions d'euros. Mais marianne2.fr a révélé le 12 octobre 2007 que LVMH était prêt à abandonner une créance de 100 millions d'euros auprès du groupe Pearson, information confirmée par la suite.
2. *Cf.* marianne2.fr, « Exclusif : les élections passent, *Les Échos* sont à vendre », par Emmanuel Lévy, le 13 juin 2007.

très déficitaire avec 12 millions d'euros de perte en 2006 (et 14,5 prévus en 2007 !) ; Radio Classique, qui appartient au même actionnaire, n'est pas dans une forme olympique malgré le recrutement de quelques stars, à moins que cela ne soit à cause de lui. Quoi qu'il en soit, Bernard Arnault a fait ses preuves dans le luxe, mais pas dans les médias. D'autre part, et cela inquiète encore plus les journalistes des *Échos*, les hommes placés par Bernard Arnault à la tête de *La Tribune*, loin de défendre l'indépendance des journalistes qu'ils dirigent, pratiquent une autocensure flagrante. Philippe Mudry, le directeur de la rédaction, n'a-t-il pas défendu le « droit d'intervenir sur le traitement de l'information » (*Libération*, 16 mai 1998) ? L'exemple le plus connu en est le traficotage des résultats d'un sondage jugé trop favorable à Ségolène Royal durant la campagne présidentielle. On imagine alors la frilosité de cette direction de la rédaction lorsqu'il s'agit de traiter des sujets qui mettent en jeu, directement ou indirectement, les intérêts du groupe LVMH ou de son patron. Ainsi les journalistes se sont-ils mis en grève en 1999 après la publication d'un reportage flagorneur sur la tour LVMH élevée à New York. Ainsi Grégoire Pinson, coupable d'un article sur la déroute de ZeBank, une filiale du groupe, a-t-il vu sur papier caviardé par la rédaction. Etc., etc.

Dès lors, Bernard Arnault a beau afficher de belles intentions concernant le respect de l'indépendance des journalistes des *Échos*, on ne le croit pas. Le lundi 25 juin, suite à l'annonce de sa décision de céder *La Tribune* pour ne pas subir les foudres du Conseil de la concurrence, les journalistes de ce quotidien rejoignent dans la grève ceux des *Échos*. Mieux, de nombreuses personnalités de l'*establishment* telles que Michel-Édouard Leclerc, François Pinault, fondateur du groupe qui concurrence directement LVMH depuis le rachat de Gucci, François Bayrou et François Hollande signent la pétition de soutien initiée par les journalistes. Histoire d'enfoncer le clou – et de se placer indirectement sous un prestigieux parrainage ? –, *Les Échos* publient aussi un article de Martin Wolf, éditorialiste au *Financial Times*, intitulé « Pourquoi le *Wall Street Journal* ne doit pas être vendu à Rupert Murdoch ». Le parallèle avec Arnault est évident : Murdoch avait promis de respecter l'indépendance de la rédaction avant de racheter des journaux comme le *Times* de Londres ou le *New York Post*. On sait ce qu'il en a été.

Pour le groupe Pearson, toute cette mauvaise publicité autour du rachat des *Échos* est bien fâcheuse. Mais, compte tenu de la faible résonance de l'information économique dans l'opinion publique, ce battage a peu de chances de faire plier Pearson et LVMH. D'où l'activisme souterrain déployé parallèlement aux actions publiques de ses confrères par Erik Izraelewicz, directeur-adjoint de la rédaction des *Échos*, pour trouver une alternative crédible à LVMH en termes capitalistiques. Ses efforts portent leurs fruits.

Le 12 juillet, une offre d'achat du quotidien économique à un prix équivalent à celui de LVMH est déposée par le groupe Fimalac de Marc Ladreit de Lacharrière, conseillé par Alain Minc. Spécialisé dans la notation financière, ce groupe obtient un quitus de la rédaction des *Échos* au cours d'une assemblée générale réunie le jour même : l'option Fimalac recueille 354 voix, dont celles de 190 journalistes, sur 370. Le 23 juillet, après que LVMH s'est aligné sur les garanties d'indépendance de la rédaction offertes par Fimalac, un nouveau vote donne de nouveau une écrasante majorité pour la solution Fimalac. Motif invoqué : dégagé de toute activité industrielle, le groupe Fimalac risque moins de placer la rédaction en situation de conflit d'intérêts. Une rapide recherche documentaire permet aux journalistes de constater que le groupe LVMH est dix fois plus cité que la Fimalac dans *Les Échos*. En réalité, les journalistes se fondent surtout sur l'expérience de Ladreit de Lacharrière, modeste il est vrai, comme actionnaire de la *Revue des Deux Mondes* et de *Valeurs actuelles*, hebdomadaire qu'il a possédé avant de le céder au groupe Dassault, ainsi que sur sa réputation[1]. Mais cette bataille se révèle vaine, la crise des *subprime*[2] a affaibli le groupe Fimalac, qui éprouve quelques difficultés à crédibiliser son offre et surtout à aligner les 100 millions d'euros qui la mettraient au niveau de la proposition de reprise de LVMH. Le vendredi 16 novembre, le président de la République lui-même annonçait à quelques jour-

---

1. Les journalistes économiques utilisent cependant fréquemment les analystes financiers et les agences de notation comme sources. La rédaction des *Échos* aurait été fondée à exiger des garanties d'étanchéité pour l'exercice simultanée de ces deux métiers dans un même groupe.
2. À l'été 2007, l'existence de produits financiers assis sur des prêts à des particuliers devenus insolvables provoque des turbulences sur les marchés financiers et met en cause les trois plus grandes agences de notation, dont celle de Marc Ladreit de Lacharrière. L'action de l'agence, Fitch, enregistre une baisse de 25 % qui rend problématique la mobilisation de capitaux pour acheter *Les Échos*.

nalistes des *Échos*, pour le moins éberlués, que Nicolas Beytout allait quitter *Le Figaro* de Serge Dassault pour la direction des *Échos* de Bernaud Arnault ! Accueillant Éric Israelewicz, le Président s'autorisa même un : « Bonjour Monsieur le résistant ! ». Cet épisode pittoresque ne paraîtra hallucinant qu'à ceux qui ignorent encore l'attirance de Nicolas Sarkozy pour le métier de chasseur de têtes de la presse[1]. N'a-t-il pas déjà, durant l'été 2004, présenté Nicolas Beytout à Serge Dassault qui venait de racheter *Le Figaro* ? Dès lors, il était très cohérent que le Président cède au plaisir d'annoncer lui-même le transfert de son « poulain » aux *Échos*. Triste épilogue pour la rédaction du quotidien économique, après plusieurs mois de bataille pour conserver son indépendance.

Le limogeage de Jean-Marie Colombani pouvait apparaître comme le chant du cygne d'un pouvoir journalistique sérieusement affaibli par la montée en puissance des actionnaires dans des groupes de presse confrontés à un environnement économique difficile. Toutefois, le dénouement de la crise de direction du *Monde* s'est produit au moment où les sociétés de journalistes de plusieurs titres de presse manifestaient un regain d'activité. On comprend pourquoi : les transformations du secteur ont de quoi inquiéter les journalistes les plus optimistes sur l'avenir de leur métier.

En 2006, renouant avec la tradition des années 1960, un Forum des sociétés de journalistes, regroupant vingt-sept rédactions, avait été créé. On est

---

1. Dans sa position, le terme de marionnettiste serait sans doute plus approprié.

tenté de voir dans cette initiative collective les prémices d'un véritable réveil, même si les revendications du Forum ont été, du point de vue de Pierre Rimbert[1], plus timorées que celles de son ancêtre, la Fédération. Jusqu'à présent, le Forum s'est contenté d'interpeller le garant des libertés constitutionnelles, donc de celle de la presse : le président de la République. Le Forum a suggéré que le gouvernement fasse adopter une loi protégeant l'indépendance des rédactions, loi qui, après « étude », a été jugée inutile à la fin du mois de septembre 2007 par le ministre de la Culture Christine Albanel et sans doute par Nicolas Sarkozy lui-même, dûment sollicité sur ce point par ses conseillers. Enfin, le Forum a exigé la création d'un statut juridique des sociétés de journalistes garantissant à celles-ci un droit de veto sur la nomination des directeurs de rédaction, et la présence d'un représentant des journalistes au conseil d'administration des entreprises de presse. Ce programme peut être considéré comme minimaliste, mais son application constituerait un progrès considérable par rapport à la situation actuelle tout en préservant les médias des « dérives autogestionnaires » telles qu'elles ont pu apparaître au *Monde* ou à *Libération*.

Certains ont alors cru sentir flotter dans les rédactions comme un parfum de mois de Mai. C'était sans doute faire preuve d'un enthousiasme exagéré. Pour autant, un état d'esprit nouveau est perceptible dans la profession. La plupart des journalistes en activité se sont convertis à la « révolution libérale » dans les

---

1. *Cf.* « Sociétés de rédacteurs, un rêve de journaliste », *op. cit.*

années 1980. On peut aisément le comprendre en ceci que ladite révolution a accompagné ou permis l'émancipation des médias de la tutelle étatique qui était la règle jusqu'à la fin des années 1970. De même qu'elle a acclimaté le marché en France, la gauche de François Mitterrand a joué un rôle essentiel dans cette émancipation en libéralisant les ondes et en créant une autorité indépendante de régulation de l'audiovisuel. Ce qui n'était pas innocent : la plupart d'entre eux s'affichant à gauche, les journalistes ne pouvaient qu'être mis en confiance par les réformes du pouvoir mitterrandien. Du reste, ils n'avaient aucune raison de s'en faire. Inaugurée par la grande épopée des radios libres, dont le souvenir a survécu à leur transformation en profitables machines à décerveler, la libéralisation des médias ne semblait pas susceptible d'entraîner les mêmes catastrophes que dans les autres activités – catastrophes qui d'ailleurs échappaient à la sourcilleuse vigilance d'une gauche qui ne savait plus être autre chose que « morale ». La concurrence internationale ne menaçait nullement les journalistes puisqu'ils exercent leur métier sous la haute protection de la langue française, ce qui leur permettait de stigmatiser sans états d'âme le nationalisme frileux de tous ceux qui refusaient de livrer la société aux grands vents du Marché : à la différence d'un ouvrier de l'industrie textile ou de la métallurgie, l'emploi du journaliste français n'est pas menacé par un confrère chinois ou indien. Bref, seuls quelques grincheux, dont les auteurs de ce livre doivent reconnaître qu'ils étaient, faisaient remarquer que, avec la libéralisation, TF1 sous la bannière Bouygues pouvait se révéler tout aussi liberticide que l'ORTF tenue, certes, par Peyrefitte, mais peuplée de militants communistes et diffusant ses programmes de qualité, et que France Télévision sous le règne sarkozien est peut-être, en définitive, tout aussi déférente que son ancêtre Antenne 2 dans les années 1970. N'insistons pas.

Les journalistes ont donc longtemps tardé à comprendre en quoi le système néolibéral pouvait menacer leur métier. Tout indique qu'une prise de conscience est en train de s'opérer. Alors que la plupart des journalistes français avaient voté « oui » au référendum de Maastricht en 1992, le référendum sur le traité constitutionnel européen de mai 2005 a provoqué une véritable fracture au sein des rédactions, hiérarques et médiacrates s'étant généralement mobilisés pour le « oui », tandis qu'un nombre important de journalistes de base, dont l'inquiétude sociale rejoint celle des classes moyennes insécurisées ou même paupérisées, se découvraient partisans plus ou moins avoués du « non »[1].

En cette année 2007, le vent, ou en tout cas la brise contestataire qui souffle dans les rédactions traduit un désarroi profond de la profession, que la classe politique, à quelques exceptions près, préfère ignorer. Désarroi que l'on pourrait résumer en une conclusion provisoire : tout bien pesé, le secteur

---

[1]. Nous ne disposons pas de données objectives sur ce point en dehors du vote organisé au sein de la rédaction de *Marianne*, favorable à 65 % au « non ». Mais une lecture attentive de la presse montre une opposition évidente entre les éditoriaux, plutôt favorables au « **oui** », et les reportages et articles courants, qui donnaient l'impression **d'une** compréhension, voire d'une forme d'empathie envers le « non ».

privé ne protège pas davantage que l'État la liberté de penser et d'écrire des rédactions. Ce n'est pas encore une révolution, mais cela ressemble bien à une – sourde – révolte.

Partie IV

Et maintenant ?

**Ne dites pas à ma mère
que je travaille sur le Web,
elle croit que je suis journaliste**

Pour un avant-poste de l'Eldorado, une version *high tech* du paradis terrestre, c'est un peu tristounet. Une pièce sans charme dans laquelle sont alignés, en nombre variable selon la taille et les ambitions de l'entreprise, des écrans d'ordinateurs devant lesquels sont assis de jeunes gens, occupant le plus clair de leur temps à taper frénétiquement sur leur clavier pour des salaires franchement modestes. Une rédaction Internet typique évoque plutôt un univers bureaucratisé, voire déshumanisé, que le monde à portée de clic promis par les prophètes du numérique. On ne sait s'il faut s'en désoler ou s'en réjouir. Et on ne sait, d'ailleurs, si ces journalistes d'un genre nouveau sont heureux de leur sort. D'un côté, les « postes » sont rares, et si Internet est la petite porte, au moins apparaît-elle comme celle de l'avenir. De l'autre, l'expérience concrète du métier tel qu'il se pratique dans ces bureaux n'a plus rien à voir avec l'imagerie traditionnelle de la profession. Le « journalaute » est payé plus que modestement. Au jdd.fr, filiale du prestigieux groupe Lagardère qui a décidé de « mettre la gomme » dans ce secteur jugé « stratégique », il est rémunéré 80 euros brut la journée de pige... le tarif d'une femme de ménage en ville. Quand on a dépassé la trentaine, il faut avoir une vocation solide pour s'imposer une telle ascèse.

Il n'est guère aisé de définir ce « nouveau journalisme » supposé s'inventer sur Internet. Une évidence s'impose immédiatement : contrairement à son ancêtre qui fleurait l'aventure et le vaste monde, le journalisme en ligne est un métier de sédentaire, ce qu'on appelle un « travail de *desk* ». À partir de la matière première disponible – dépêches d'agences, vidéos et photos importées d'autres sites, articles de la presse étrangère –, les défricheurs du cybermonde réécrivent, actualisent, ordonnent, concoctant pour chaque sujet un ensemble multimédia dans lequel l'article proprement dit n'occupe pas nécessairement la première place.

Ainsi Internet est-il en train de changer profondément le métier. Visitons le siège du groupe Nouvel Observateur. Aux étages nobles des rédactions « papier », tout demeure comme avant : on y reçoit les coups de fil obséquieux des attachés de presse, on prépare son prochain déplacement, on s'alloue un peu de temps pour un « ménage[1] », on pense aussi à la pige indispensable pour payer plus facilement les

---

[1]. Dans le jargon du métier, ce terme désigne un travail effectué par un journaliste en dehors de sa rédaction pour arrondir ses fins de mois et/ou pour entretenir sa notoriété.

longues études du petit dernier, etc. À la « cave », le journaliste « Internet » est un numéro. À nouvelobs.-com, l'un des leaders de l'information *on line* française, le travail s'organise par équipes. La première arrive à la rédaction à cinq heures du matin. Lorsqu'ils quittent les lieux, à la fin de leur service, ses membres croisent dans le hall les journalistes de *L'Obs* qui partent pour le moment central de leur journée et de leur vie professionnelle, le déjeuner, où se fabrique, pour une bonne part, l'information en France.

D'une façon générale, les petites mains du Web ne signent pas. Il serait, il est vrai, carrément abusif que les néo-journalistes se donnent pour les auteurs d'une information qu'ils ne font que bricoler, souvent avec talent d'ailleurs. Au jdd.fr, on doit même demander l'autorisation à son chef pour passer un coup de fil. Ne dites pas à ma mère que je travaille sur le Web, elle croit que je suis journaliste...

Des faits, des faits et encore des faits ! Cette maxime absurde que la profession a adoptée pour devise – comme s'il lui fallait combattre des défenseurs avérés de la déformation des faits, autrement dit de la désinformation – est encore plus prégnante dans les rédactions Internet créées par les grands médias. Si la blogosphère est le royaume de l'humeur, la presse en ligne la proscrit – sauf dans les blogs des journalistes de la rédaction, où ceux-ci sont autorisés à « cogner » bien plus fort que dans la « version papier ». Ainsi le critique littéraire du *Nouvel Observateur* Didier Jacob peut-il exercer sa plume hargneuse, et parfois talentueuse, contre tout ce qui n'est pas progressiste sur son blog « Rebuts de presse ». À l'exception de ces excroissances au statut hybride – puisque le média qui les publie n'assume pas leur contenu –, les sites sont le plus souvent aussi lisses sur le fond qu'ils essaient d'être chatoyants sur la forme. On n'attrape pas le lecteur avec du barbant, pensent sans doute les directions. En revanche, on n'attrape pas les lecteurs avec du *people* : ainsi les aventures de Paris Hilton et la mort d'une ancienne *playmate* mariée à un magnat du pétrole ont-elles été à l'honneur sur le site du *New York Times* au grand dam des lecteurs du vénérable quotidien. « Sur le site, nous avons la faculté de publier, dans le courant de la journée, des informations que nous ne retiendrons pas pour l'édition papier du lendemain », argumente en excellent casuiste Jim Roberts, patron de l'édition électronique. Le potentiel racoleur de ce type de nouvelles n'explique pas tout. La philosophie sous-jacente aux choix des médias en ligne est qu'il n'est nullement besoin de faire des choix. Puisque l'information existe et que la place n'est pas limitée, il n'y a aucune raison de ne pas la publier. C'est donc sur Internet que s'accomplit véritablement l'idéologie de l'information dont nous avons tenté de cerner les contours. Le journaliste est prié de n'avoir point d'opinion. Et, en général, il s'en accommode fort bien. Ce qui compte avant tout, c'est l'audience.

Il faut s'y faire : le nombre de ceux qui s'informent exclusivement sur écran ne cesse de croître. La généralisation de l'accès à Internet et l'arrivée prochaine à l'âge adulte – et au statut de consommateur – de générations qui, contrairement aux « immigrants du numérique » que nous sommes selon Rupert Murdoch, n'auront pas connu « le monde d'avant », achèveront de déplacer vers le réseau le centre de gravité de l'industrie de l'information. Les scénarios diffèrent sur le rythme du basculement et sur la place qui sera, au terme du processus, laissée aux médias de papa, à commencer par la presse écrite. Certains, comme Dan Okrent, ancien médiateur du *New York Times*, prévoient la mort clinique de celle-ci à l'horizon 2020, tandis que d'autres pensent qu'elle demeurera un signe de distinction réservé à l'élite cultivée... et âgée.

Depuis deux ou trois ans, à tort ou à raison, les propriétaires de médias, éditeurs de journaux en tête, semblent avoir été soudain saisis par un vent de panique qui leur fait parfois perdre le sens commun, au point de faire basculer leur activité sur Internet préalablement à toute réflexion stratégique : puisque c'est là que ça se passe, l'important est d'y être. Aux États-Unis, un rapport de la fondation Carnegie intitulé « *Abandoning the news* » révélait en 2005 le désamour marqué des jeunes pour le papier. « Internet, écrit Danielle Attias, auteur d'une thèse passionnante sur le sujet, se serait imposé comme le média central des 18-34 ans pour la consultation des informations, au détriment des journaux et en faveur des grands portails généralistes particulièrement. Quarante-quatre pour cent des personnes interrogées dans l'enquête disent avoir utilisé un portail au moins une fois par jour pour les informations, alors que 19 % utilisent quotidiennement un journal papier[1]. »

---

1. Danielle Attias, *L'Impact d'Internet sur l'économie de la presse : quel chemin vers la profitabilité ?*, Université Paris-X-Nanterre, École doctorale « Économie, Organisations, Société », avril 2007.

En avril 2005, devant l'Association américaine des éditeurs de journaux, Rupert Murdoch, patron de News Corporation, annonce clairement la couleur : le Net sera désormais sa priorité. « C'est une révolution dans la façon de s'informer des jeunes générations. Elles n'attendent pas qu'une figure divine leur dise ce qui est important. Elles veulent des informations à la demande, quand cela leur convient. Elles veulent avoir un contrôle sur les médias plutôt que d'être contrôlées par eux. » Il n'est nullement besoin d'adhérer à ce fatras aux relents presque *New Age* pour comprendre le raisonnement de Murdoch : c'est désormais sur le réseau que se trouve le gisement ou plutôt le flux le plus prometteur de cerveaux disponibles.

Le calcul d'Arnaud Lagardère n'est sans doute pas très éloigné. En septembre 2006, le patron du groupe Hachette-Filipacchi, le premier au monde pour la presse magazine, réunit journalistes et analystes financiers pour présenter les perspectives de développement du groupe. Et qu'annonce le plus grand marchand de papier journal du monde à ces représentants du marché – et, par ricochet, à ses employés ? Qu'il ne croit plus au papier... Qu'il faudra compter par dizaines les magazines qu'il compte fermer de par le monde[1]. Que les rédactions de ses magazines vont devoir muter en sites Internet ou mourir. Que les dames de *Elle* doivent cesser de se reposer sur leurs lauriers. Les employés de Hachette sont prévenus, leur métier va évoluer. Ils étaient

---

1. À l'instar de *Max* et de *Top Famille*, deux titres fermés en 2006 et du féminin *Isa*, arrêté en octobre 2007 alors que sa diffusion atteignait les 200 000 exemplaires.

journalistes ? Ils seront « producteurs de contenu », nouvelle qualification qui fait fureur, mais dont le contenu, précisément, reste bien mystérieux...

En juillet 2005, le rachat par News Corporation du site MySpace, premier site mondial de socialisation[1], donne le signal d'une nouvelle ruée vers le Web. Certes, les médias traditionnels n'ont pas attendu cette date pour proposer en ligne tout ou partie de leur contenu, mais il s'agit désormais de tout autre chose. Disposant de rédactions autonomes de plus en plus étoffées, les sites d'information créés à l'enseigne d'un journal, d'une chaîne de télévision ou d'une station de radio proposent désormais une production originale, généralement qualifiée d'information continue. Mais les deux termes sont antinomiques : sauf à disposer de centaines de journalistes, il est impossible de produire en continu de l'information inédite. Voilà l'entourloupe majeure du journalisme en ligne : il se contente trop souvent de servir dans un bel emballage animé, avec du son, de l'image et de la couleur, des informations produites par d'autres. La très grande majorité des informations circulant sur la Toile proviennent des trois grandes agences de presse mondiales. Ce qui signifie deux choses. D'une part, lesdites grandes agences ont probablement commis une erreur stratégique majeure : elles vendaient des informations à des centaines d'éditeurs sous forme d'abonnements, elles proposent désormais du « flux de contenus » à quelques grands portails (Google, Yahoo !, Orange)

---

1. Myspace totalisait en octobre 2007 quelque 109 millions de visiteurs, devançant Facebook (86 millions). Le site attire principalement les lycéens et les fans de chanteurs.

qui les rediffusent, la rémunération de l'agence étant indexée au nombre de clics engendrés. Pour Danielle Attias, ces agences, « motivées par l'obtention de nouveaux clients sur Internet, ont mis en difficulté leurs clients historiques, les éditeurs traditionnels. En proposant à de nouveaux acteurs leur fil de dépêches en ligne sous forme de produit, elles ont donné accès à une production jusqu'alors disponible uniquement aux professionnels de l'information et ont banalisé un type de contenu qui s'est rapidement imposé comme le format de base de l'information en ligne pour le consommateur final : la dépêche disponible en temps réel et gratuite ». En somme, l'abondance est le masque chatoyant de la redondance. C'est dire si l'âge numérique favorise la diversité des points de vue, des sources et des traitements de l'information.

D'autre part, la mutation du métier de journaliste n'a pas vraiment abouti à ce que certains espéraient. Désormais, des dizaines de milliers de « journalautes » travaillent à enluminer, décorer ou fleurir la même information de base. Dans le métier, on appelle cela « enrichir ». Comme le résume joliment un internaute désabusé, le meilleur n'est pas celui qui produit les enquêtes les plus pointues ou les analyses les plus élaborées, dès lors que celui qui recharge le plus vite son « canon à dépêches » est quasiment assuré de gagner la bataille du nombre de visites. Du coup, on ne voit pas ce qui aurait dissuadé les *outsiders* comme Google, Yahoo ! ou MSN, dont l'expertise concerne les « tuyaux » par lesquels circulent les données, de s'inviter sur ce marché. Ces géants de l'algorithme offrent à leur visiteur un miroir de leurs propres désirs : en affichant les nouvelles les plus consultées, ils ne proposent pas, observent Jean-François Fogel et Bruno Patino[1], « un recensement des faits à signaler dans le monde », mais « un relevé de la représentation médiatique de ces faits ». Dans ce marché du clic, il faut être particulièrement vertueux et exceptionnellement talentueux pour s'obstiner à pratiquer un journalisme de qualité et proposer des enquêtes ou des analyses dont la majorité des internautes ne semblent pas vraiment demandeurs.

Avec un tel raisonnement, dira-t-on, les médias traditionnels auraient pu opter également pour la course à l'audimat ; or, elle n'a jamais été, que l'on sache, gagnée par les plus exigeants. Certes, mais il s'est produit entre-temps un renversement : dans le passé, des journaux recouraient à la publicité pour financer leur activité ; aujourd'hui, les sites d'information, tout comme les gratuits, les grandes chaînes privées de télévision, mais aussi nombre de magazines, sont devenus des supports qui fabriquent de l'info, du divertissement et, plus souvent encore, un étrange hybride des deux pour générer des revenus. En août 2007, Frédéric Fillioux a été remplacé à la tête de la rédaction de *20 minutes* par Loume Sorin, du quotidien *24 heures* de Montréal. Son remplacement évoque les méthodes en vigueur dans n'importe quelle multinationale. Il faut en conclure que, pour les dirigeants de ce groupe, l'information n'a aucun lien avec une culture particulière.

Revenons au *Nouvel Obs*. Le groupe a été l'un des pionniers de la presse en ligne en créant un « journal

---

1. *Une presse sans Gutenberg*, Grasset, 2005.

permanent » dont le contenu est entièrement distinct de celui de l'hebdo. Fin 1999, Claude Perdriel, propriétaire de l'hebdomadaire, et Laurent Joffrin, son directeur de la rédaction, proposent à Patrick Fiole, ancien de la presse régionale alors responsable du service « société », de s'investir dans un projet Internet. L'idée d'un quotidien sur le Net vient de Perdriel, qui s'investit personnellement dans le projet, « mais pas sur le contenu », précise Patrick Fiole. À vrai dire, on ne comprend pas très bien en quoi ce journal qui change sans cesse est un quotidien. Nouvelobs.com, c'est France Info sur écran. La rédaction compte une vingtaine de personnes. Elle est composée pour un tiers de stagiaires qui reçoivent 500 euros par mois, pour un tiers de jeunes en contrat de qualification, payés 750 euros, et pour un tiers de « privilégiés » qui bénéficient de contrats à durée indéterminée avec un salaire brut mensuel de 2 200 euros. Dans ces conditions, il n'est guère surprenant que la plupart de ces nouveaux soldats de la Toile n'aient pas atteint la trentaine. Enfants de l'époque, ils sont recrutés après des tests destinés à jauger leur capacité de synthèse, leur intérêt pour l'actualité et... la qualité de leur orthographe, critère particulièrement discriminant de nos jours. Le journalisme s'apparente désormais à un service qui va directement du producteur au consommateur. Aussi ces jeunes recrues du nouveau monde ignorent-elles jusqu'à l'existence des correcteurs (humains) qui continuent à officier dans les journaux, où, au-delà de la syntaxe, ils rattrapent les bourdes commises par les rédacteurs et non vues par la hiérarchie. Sur Internet, la belle langue et la relecture sont un luxe aussi inabordable que l'expérience. À nouvelobs.com, seuls Fiole et son adjoint bénéficient de la grille de salaires en vigueur dans le journal. Il faut croire que le « papier » reste le secteur noble de la profession. Pour combien de temps ?

La multiplication des sites d'information, leurs modes de fonctionnement et la nature de leur production confirment en tout cas le diagnostic de Jean-François Fogel et de Bruno Patino : « Internet n'est pas un support de plus ; c'est la fin du journalisme tel qu'il a vécu jusqu'ici. Soumis à l'omniprésence d'un média neuf, peu à peu dépouillé de la concurrence entre ses divers supports, il révise chaque jour un peu plus sa relation avec l'audience. La presse n'a pas entamé un nouveau chapitre de son histoire mais bien une autre histoire, sous le régime d'Internet[1]. » Il est désormais impossible de croire, comme on pouvait encore le faire dans les années 1990, quand les journaux se contentaient d'offrir « en ligne » tout ou partie de leur contenu, qu'« Internet est simplement un tuyau » qui ne change en rien la nature de ce qui transite par lui. Au demeurant, l'idée que la technologie n'est pas neutre n'est précisément pas révolutionnaire.

Difficile donc de nier qu'Internet affecte en profondeur la nature de l'activité journalistique. Dépouillés de leur monopole dans la production et la diffusion de l'information, les journalistes peuvent avoir le sentiment d'être une espèce en voie de disparition. Le film d'animation *EPIC 2014*[2], dans

---

1. *Ibid.*
2. Film d'animation de Matt Thompson et Robin Sloan, dont la première version date de 2004, présenté sur leur site : http://robinsloan.com/epic/

lequel on voit les grands médias perdre leur bataille contre Google et ses alliés Amazon, Yahoo! et consorts, ressemble de moins en moins à de la science-fiction.

Face à la menace, la profession s'est pourtant infligé un bouleversement de grande ampleur. Si l'on en croit la version rose de l'évolution des espèces, elle est peut-être en train d'accomplir l'effort d'adaptation dont furent incapables les « dinosaures » pour renaître de ses cendres sur la Toile. Autrement dit, le « journalisme en ligne » serait non seulement l'avenir du journalisme, mais aussi à coup sûr son avenir radieux. De fait, l'avènement du réseau mondial pourrait bel et bien ouvrir au journalisme de nouveaux horizons ; en tout cas, on ne saurait exclure *a priori* qu'il puisse devenir le lieu où le métier retrouvera un sens et un souffle.

En avril 2007, la *Columbia Journalism Review* consacre son dossier de « une » à « la course » (*the race*) entre le papier et l'électronique. « Il existe, selon Robert Kuttner, collaborateur du *Boston Globe,* un scénario optimiste dans lequel la presse, comprenant qu'elle peut gagner de l'argent sur Internet, utilise le réseau mondial pour enrichir le journalisme traditionnel et améliorer son professionnalisme. » Le tout grâce à des lecteurs se partageant équitablement entre le papier et l'écran.

Jusqu'à la fin des années 1990, avant l'éclatement de la bulle Internet en 2000, ce scénario paraissait inscrit d'avance dans l'Histoire. Grâce à Internet, le journalisme allait sortir du marasme, rebondir économiquement et se régénérer moralement. Or, sur ces deux terrains, le bilan est pour le moins incertain, en premier lieu, à cause des modes selon lesquels sont générées les informations ; en deuxième lieu, parce qu'aucun modèle économique ne s'est révélé jusqu'à présent viable.

Média sans médiateur, Internet instaure un face-à-face entre le journaliste et le citoyen. Dans cette nouvelle configuration allégée de tout intermédiaire, on pouvait croire que la primauté allait être redonnée au contenu. Or, c'est le contraire qui s'est produit. La bataille pour l'audience a conduit les acteurs du secteur à concentrer leurs efforts sur la circulation de l'information et non sur sa collecte. Ce que Fogel et Patino reconnaissent sans ambages : « La presse en ligne ne se voit pas, comme les autres supports, avec un contenu face à une audience, mais bien en train de gérer du trafic sur un réseau. » La priorité n'est donc pas de fournir de l'inédit, mais de rendre le plus naturel possible le chemin qui, de clic en clic, amènera l'internaute sur le site concerné. « L'information présente sur Internet est moins importante que les liens qui permettent de la trouver », affirment Patino et Fogel. À l'arrivée, la charge informative, ce que dans le vieux monde on aurait appelé le fond, n'est que l'un des paramètres qui déterminent le nombre de visites – et pas nécessairement le plus important.

Tous journalistes ! La possibilité de connexions horizontales illimitées, c'est-à-dire, théoriquement, d'échanges d'informations à n'importe quel moment entre n'importe quel être humain et n'importe quel autre – en réalité, entre n'importe quel ordinateur et n'importe quel autre – a effacé la frontière étanche qui séparait producteurs et consommateurs d'information. Il est pourtant assez curieux que tant de brillants esprits aient cru – et croient encore – que l'avènement d'un nouveau journalisme participatif et citoyen allait rendre sa crédibilité à un métier de plus en plus méprisé, comme un médecin restitue sa virginité aux filles « déshonorées ». Imaginons un instant que n'importe qui soit désormais autorisé à enseigner le grec ancien, pratiquer la chirurgie ou piloter des avions. De telles dispositions n'auraient probablement pas pour effet de redorer le blason des professions concernées. En revanche, on pourrait s'attendre à une multiplication des catastrophes intellectuelles, médicales et aériennes. Concernant le journalisme, les professionnels estampillés se passent déjà très bien du concours des amateurs pour produire un nombre respectable de bévues, *crashs* et autres scandales dont la chronique accompagne celle de l'actualité. Dans la période récente, toute secousse majeure, planétaire ou non, a été suivie de sa réplique médiatique, les journalistes ayant été, chaque fois, montrés du doigt, au mieux pour incompétence, au pire pour manipulation. D'où la conviction largement partagée que des amateurs feront mieux. À partir du moment où l'un des principaux reproches adressés, non sans raison, à la corporation est son arrogance, sa propension à se constituer en aristocratie autonome et supérieure habilitée à demander des comptes à tout le monde sans être contrainte d'en rendre à personne, beaucoup ont sincèrement cru que le salut viendrait du tiers-état – d'honnêtes citoyens soucieux du bien public.

En 2004, dans *Nous, les médias*[1], Dan Gillmor, « blogueur » historique que Joël de Rosnay présente

---

1. *Nous, les médias : le journalisme « à la racine » par le peuple et pour le peuple*, O' Reilly Media, 2004.

comme « un personnage connu et respecté pour son travail d'"évangélisation" du journalisme citoyen[1] », se déclarait certain qu'Internet allait sauver le journalisme en transformant le monologue descendant qu'il avait toujours été en conversation assistée par la technologie. « Mes lecteurs en savent plus que moi » : ce slogan est un concentré de la pensée de cet ancien journaliste du *San Jose Mercury News*, quotidien de référence de la Silicon Valley. Le hic est que cette séduisante formule est fausse. Que nombre de journalistes ne sachent pas grand-chose ne permet en rien de conclure que ceux qui ne le sont pas en savent plus. Au demeurant, la conception égalitariste du savoir, le refus de toute distinction et de toute hiérarchie auxquels Internet fournit une légitimité morale et une incarnation technologique mettent en cause la compétence spécifique du journaliste, mais aussi toutes les autres. Dans *Le Culte de l'amateur*, livre désabusé publié en 2007 aux États-Unis, Andrew Keen, adepte repenti de la religion numérique, observe que Wikipédia est le 17e site mondial en termes de fréquentation, quand celui de l'*Encyclopædia Britannica*, riche du travail de 4 000 spécialistes de haut niveau, se traîne à la 4128[e] place[2].

Certes, le « journalisme citoyen » a quelques réussites à son actif – au moins en termes quantitatifs.

---

[1]. Cité par Joël de Rosnay à qui nous empruntons nombre d'informations commentées dans ce chapitre. *La Révolte du pronétariat. Des mass-media aux médias des masses*, Fayard, 2006.
[2]. *The Cult of the Amateur : How today's Internet is killing our culture*, Doubleday, 2007, 228 pages. Ce livre a fait l'objet d'une recension par Bertrand Le Gendre, dans *Le Monde* du 12 septembre 2007, « Internet ou le culte de l'à-peu-près », dont sont extraits les exemples cités dans ce chapitre.

Cinq ans après sa création en 2000, avec seulement le concours de trois jeunes journalistes syndiqués [1], le site coréen Oh My News avait recours aux services de 40 000 citoyens-reporters [2] et de soixante-dix journalistes salariés (fort mal payés il est vrai), qui produisaient la bagatelle de deux cents articles par jour. « Bienvenue dans la révolution culturelle qui bouleverse la production, la distribution et la consommation de l'information. Dites adieu à la vieille culture du journal du XXe siècle. » Le message accueille ceux qui désirent intégrer la communauté planétaire de Oh My News. Cependant, comme dans la plupart des sites « participatifs », le principe de décentralisation connaît des limites : il existe toujours une phase d'adoubement, un processus au cours duquel la compétence de l'aspirant journaliste-citoyen est évaluée et validée (ou non) par un organisme central – qui imite et remplace, quoique avec des codes différents, le rédacteur en chef d'antan. De surcroît, il n'est pas indifférent que Oh My News rémunère, même symboliquement, les contributeurs retenus.

On est cependant en droit d'être sceptique envers ce « journalisme d'en bas », dès lors qu'il se résume souvent à l'expression du ressentiment contre « ceux d'en haut ». Sur AgoraVox, seul « média citoyen » français d'une certaine envergure, comme sur la plupart des blogs, la tonalité qui domine est celle de la plainte, à en croire David Abiker, chroniqueur à France Info et observateur affûté de la Toile : « Tous

---

[1]. L'intervention de la journaliste Claire Ulrich au cours d'un débat organisé le 13 juin 2007 à Paris.
[2]. *La Révolte du pronétariat. Des mass media aux média des masses*, op. cit.

ceux qui se pensent victimes des Parisiens, des riches ou des puissants peuvent s'y épancher, mais seule une minorité a quelque chose d'intéressant à dire. » Les blogs, dont l'explosion a été commentée avec ravissement, demeurent le royaume de l'humeur et du coup de gueule où chacun peut avoir l'illusion qu'il est un grand éditorialiste. Mais, sauf à décréter que tout ce qui passe à un moment donné par la tête de n'importe qui sur n'importe quel sujet a valeur d'information, il faut admettre que le salut du journalisme professionnel ne viendra pas de l'amateurisme.

Significativement, les professionnels de l'information en ligne ne sont guère plus tendres pour leurs lecteurs que les patrons de presse traditionnels. Intarissable auteur de commentaires souvent oiseux ou hargneux, l'internaute interactif est tenu par ceux qui animent – c'est-à-dire dirigent – un site dans la même estime que le militant trop dynamique par la direction de son parti. « Ils nous emm... » En privé, voilà à quoi se résume souvent le point de vue des maîtres du cyberespace sur leurs « visiteurs ». Ce qui ne les empêche nullement de proclamer *urbi et orbi* : « Votre parole vaut la nôtre. » La fin des hiérarchies est un excellent argument de vente. Ainsi le site Rue-89.com met-il en avant l'égalité supposée régner entre les trois « producteurs de contenu » que sont les journalistes, les experts et les citoyens. Dans la pratique, ce sont les « papiers » des premiers qui sont remarqués, cités et rémunérés. Et ce n'est pas, que l'on sache, l'internaute anonyme qui est invité à commenter l'actualité sur les plateaux ou les ondes, mais Pierre Haski, fondateur du site et ancien de

Libération. Cofondateur de Rue89, Pascal Riché avoue : « Les internautes nous envoient à la fois des informations que nous vérifions et des remarques. Sur les textes envoyés, c'est un peu décevant. Un seul texte sur vingt est publiable [1]. »

Pour autant, le scepticisme absolu n'est pas plus de mise que l'enthousiasme béat. Depuis deux ou trois ans, des sites animés par un journaliste ou par un groupe de journalistes ont bénéficié d'une croissance notable de leur audience. Seuls quelques-uns génèrent des entrées financières, et pratiquement aucun ne permet à son ou à ses animateurs d'en vivre. Mais ce journalisme « libéral » est sans doute appelé à se développer. Délivré de la nécessité d'être « référencé » par un intermédiaire ou, en d'autres termes, d'être autorisé à s'exprimer par une rédaction en chef ou une hiérarchie, le journaliste s'adresse directement au public, ce qui lui donne une liberté inconnue dans les grands médias.

On peut schématiquement distinguer deux cas de figure. Pour les rares professionnels qui peuvent prétendre exploiter leur nom comme une marque, le blog est à la fois un moyen d'améliorer en leur faveur le rapport de force entre eux et leur employeur, et une possibilité d'arrondir leurs fins de mois. Jean-Marc Morandini a mis en œuvre cette logique de marque avec une efficacité maximale. En quelques années, ce rescapé de la télé-trash a réussi à faire oublier son passé peu glorieux pour devenir un connaisseur des arrière-cuisines où se mitonne la tambouille cathodique – ce qu'on appelle les « coulisses de la télé » –,

---

1. Débat « Ça presse ! » du 13 juin 2007.

un monde qui a depuis longtemps supplanté Hollywood dans la fabrique du rêve à quatre sous et de la célébrité démocratique. Producteur sur Europe 1 et Direct 8, Morandini anime depuis deux ans un blog qui porte son nom et publie informations et potins sur la vie des chaînes – et, depuis quelque temps, sur les autres médias. Audiences, transferts, nouvelles émissions constituent l'ordinaire du site. Quoi qu'on en pense, le genre plaît suffisamment pour attirer chaque jour 150 000 visites et les annonceurs afférents. Résultat, à l'automne 2007, Morandini est en mesure de recruter un journaliste pour alimenter le site. Sa réussite ouvre l'appétit de Jean-Pierre Elkabbach, son patron, qui tente de ramener l'affaire dans le giron d'Europe 1. La proposition fait doucement sourire l'intéressé : « Mon entreprise n'est pas à vendre », proclame-t-il. La maison Morandini est une affaire qui marche.

D'autres journalistes ou para-journalistes trouvent sur la Toile un espace de liberté prometteur – soit parce qu'ils sont en délicatesse avec leurs employeurs potentiels, soit parce qu'ils veulent, à côté de diverses collaborations, disposer d'un « chez-soi » professionnel où ils sont maîtres de ce qu'ils publient. Hébergé par *20 Minutes* à partir de février 2006, « Domaine d'extension de la lutte », site de Guy Birenbaum, alors collaborateur de RTL et de *VSD*, avait conquis des dizaines de milliers de fidèles grâce à un cocktail d'humeurs et de potins assaisonné de quelques informations exclusives. Du coup, lorsque, en septembre 2007, Birenbaum annonce laconiquement qu'il ferme boutique, des habitués décident de reprendre l'affaire sans lui. Le polémiste prend alors ses quartiers sur lepost.fr, la plateforme de blogs discrètement ouverte par *Le Monde*. N'ayant pas jusqu'alors besoin d'arrondir ses fins de mois, il n'avait pas cherché à rentabiliser son audience. Entre-temps, il a arrêté sa collaboration avec *VSD*, s'est fait débarquer par RTL et par Privé, la maison d'édition qu'il avait créée et dans laquelle il travaillait. En tout cas, dans son nouveau « Sam'suffit », il perçoit du *Monde* une rémunération faible (autour de 1 000 euros par mois) mais fixe, les revenus générés étant encaissés par l'hébergeur. On peut se demander s'il y est vraiment à sa place : le *look* flashy et foutraque du Post, ainsi que la taille microscopique des textes, semblent avoir été étudiés pour décourager tous ceux qui ont dépassé la trentaine – peut-être est-ce la préconisation de la régie publicitaire ? Sur LePost[1], il faut que ça bouge. À titre d'exemple, signalons que, à la mi-septembre 2007, la rédaction du site a publié sur l'affaire Clearstream un résumé dont l'intérêt annoncé était qu'il éviterait à l'internaute pressé la lecture sur Wikipédia d'un texte de neuf pages.

Autre phénomène, nombre de journalistes « encartés » dans un média ont compris qu'ils pouvaient souvent « balancer » sur Internet ce que la décence ou la prudence les oblige à taire sur les ondes ou dans leur journal. Jean-Michel Apathie, qui interroge chaque matin sur RTL une personnalité politique, raconte dans son blog ce qui se dit dans les couloirs, les gaffes des uns ou les bons mots des autres. « Internet fait tomber les tabous », conclut Abiker. Pour le dire autrement, sur la Toile, le *off* n'a plus cours

---

1. Dont le slogan est significativement le « mix de l'info », le mix étant plus visible que l'info.

et la vie privée non plus. Pendant tout l'été 2006, la rumeur électronique a nourri la chronique orageuse des relations à l'intérieur du couple présidentiel, mêlant le ragot pur, la semi-vérité et quelques faits. C'est aussi sur Internet qu'à l'automne 2007 s'est propagée la rumeur du divorce du chef de l'État et de son épouse, puis qu'a été confirmée l'information.

Quoi qu'il en soit, si toute l'« industrie de l'information » se prépare à basculer dans le monde virtuel, la blogosphère ne sera pas l'épicentre de la révolution dont nous observons les prémices. Comme le chantait Dylan, les temps changent, et il convient sans doute de ne pas céder à la tentation d'un pessimisme boudeur.

Si Internet n'est pas seulement un tuyau, il est aussi un tuyau. S'il souffre que transite par lui une information médiocre, il peut supporter aussi de faire circuler une information de qualité. Un tuyau n'a pas plus de points de vue que l'argent n'a d'odeur. Il est tout à fait possible de développer une politique éditoriale sur le Net, comme le démontre l'expérience de l'un des auteurs[1]. Il est plaisant d'évoquer ici l'entreprise de Daniel Schneidermann, qui entend créer un site financé par des abonnés payants venus du « vivier » constitué par les 184 000 pétitionnaires qui avaient protesté contre l'arrêt de son émission « Arrêt sur images » sur France 5, en

---

1. Philippe Cohen dirige marianne2.fr, devenu site unique de l'hebdomadaire *Marianne* en septembre 2007. Le choix éditorial de ce site est de ne pas prétendre à l'information continue ou à l'exhaustivité de l'information, mais à la publication d'informations politiques au sens large (économie, social, médias), originales soit par leur exclusivité, soit par le regard porté sur l'actualité.

juin 2007. Au 15 décembre 2007, le site pouvait déjà revendiquer près de 30 000 abonnés à des tarifs allant de 10 à 30 euros, soit un budget annuel de 600 000 euros. Prometteur. On peut même dire que cette initiative offre un espoir à tous ceux qui ne souhaitent pas que la Toile devienne à son tour une machine à fabriquer du temps de cerveau disponible[1]. En ce début d'année, ils regardent également avec intérêt les projets de MediaPart et de Bakchich.info. Le premier, site d'information lancé par Edwy Plenel et d'autres anciens du *Monde*, comme Laurent Mauduit et François Bonnet, propose un abonnement mensuel au tarif de 9 euros pour une dizaine d'articles par jour écrits par des journalistes aguerris ainsi qu'un système d'information personnalisé. De son côté, Bakchich.info, fondé par Nicolas Beau, propose une version rénovée du *Canard enchaîné* dont il a été longtemps l'un des rédacteurs. En plus de ressources publicitaires, le site espère se financer par la vente d'un hebdomadaire en PDF qui lui rapporte déjà plus de 10 000 euros.

Indéniablement, certains trouvent sur la Toile une liberté dont ils seraient privés ailleurs. Ce jeune homme brillant, diplômé d'une école de journalisme, a vite compris qu'il ne lui servirait à rien de courir obstinément après une chimérique embauche dans un journal ; aussi a-t-il choisi de collaborer à des médias électroniques. « Sur certains sites, on bénéficie d'une liberté qu'on ne connaît plus dans la presse », dit-il. De ce point de vue, les salariés de nouvelobs.com peuvent sans doute apparaître

---
1. L'un des deux auteurs, Élisabeth Lévy, a accepté d'y collaborer.

comme des privilégiés dans la profession. « Nous avons la réputation d'être plus impertinents, plus critiques et plus à gauche que *L'Obs* "papier" », observe Patrick Fiole. Insensibles à l'amitié qui lie le propriétaire de l'hebdomadaire à Jean-Marie Colombani, les journalistes du site n'ont pas hésité, lors de l'ultime crise qui a coûté sa place à l'ancien patron du *Monde*, à donner la parole à ses détracteurs. Beaucoup confient, sous le sceau de l'anonymat il est vrai, que le poids des hiérarchies est beaucoup moins pesant sur le Net qu'il ne l'est dans les journaux. Pour des raisons qui tiennent peut-être à la jeunesse du média lui-même, l'irrévérence est mieux tolérée sur Internet qu'ailleurs. D'autre part, entre le blog personnel et le robinet à dépêches, il existe de multiples options, dont beaucoup ont été à peine explorées. Rien ne s'oppose, par exemple, à ce que l'on voie renaître sous forme électronique la presse d'opinion que nous avons chassée de nos kiosques. Rien, sinon la contrainte économique.

L'appétit des grands groupes pour la Toile pourrait laisser penser que les profits escomptés seront coquets. Or, c'est loin d'être le cas. La ruée vers Internet n'obéit pas à des stratégies longuement étudiées ni à des calculs sophistiqués. Il faut y être parce que, pensent les éditeurs, l'avenir est là. Il est possible et même probable qu'ils aient raison. Pour autant, il n'existe pas aujourd'hui de modèle économique éprouvé des médias en ligne. En dépit de quelques hésitations, celui qui semble s'imposer massivement est la gratuité offerte aux consommateurs, comme en témoigne la décision récente du *New York Times*. Après avoir fait payer, des années durant, l'accès à la plupart des articles, le quotidien propose désormais en accès libre l'intégralité de son édition électronique. Ce choix effectué par mimétisme a évidemment pour corollaire un financement par la publicité. Dans ces conditions, comme le dit David Abiker, la pérennité des médias en ligne dépend de leur capacité à exciter les papilles des directeurs du marketing.

Or, après la crise du début du siècle, le Net semble aiguiser à nouveau les appétits. Selon l'Internet Advertising Bureau France, Internet générait seulement 153 millions d'euros de revenus en 2001 ; pour le seul premier semestre 2005, ceux-ci s'élevaient à 471 millions, soit une progression de 72 % par rapport à la même période de l'année précédente[1] ! Il est vrai que le réseau réalise le rêve de tout annonceur : non seulement on peut savoir le nombre de visites effectuées pour une page donnée, mais il est en outre possible de connaître le profil des visiteurs, la nature et la fréquence de leur consommation, les autres sites qu'ils fréquentent, leurs centres d'intérêt...

Toutefois il est peut-être prématuré de pavoiser pour les uns et de paniquer pour les autres. Quoi qu'ils en disent, les éditeurs de presse investissent pour le moment à fonds perdus dans le Net. Officiellement, nouvelobs.com est une activité désormais rentable. Mais, en privé, Claude Perdriel soutient le contraire, ce qui montre que le fameux modèle économique, ce graal à la poursuite duquel est lancé l'ensemble du secteur, n'a toujours pas été trouvé.

---

1. Danielle Attias, *L'Impact d'Internet sur l'économie de la presse..., op. cit.*

Officiellement, tout va bien. Lemonde.fr aurait dégagé trois millions d'euros de profits en 2006. Le calcul est juste... à condition d'oublier les quelque 8 millions d'euros d'investissements consentis (et non encore remboursés) par le groupe Le Monde, la faible redevance acquittée par le site pour la diffusion des articles du quotidien (un million d'euros) et les modestes royalties facturés pour la marque (450 000 euros). La logique de la gratuité vaut aussi pour les « producteurs de contenu », en l'occurrence les journalistes du *Monde*, dont les articles ne sont payés que de façon symbolique (un forfait annuel d'environ 300 euros à chaque rédacteur) par le site. Les rédacteurs du *Monde* sont conviés à semer pour... Internet[1]. La réalité, que toute la rhétorique des prophètes du réseau s'emploie à camoufler, c'est qu'Internet, pour le moment, n'est guère qu'une activité prolongeant et augmentant le rayonnement des titres de presse. En vérité, le seul site d'information qui dégage des profits est 01.net, un site spécialisé dans l'actualité de l'informatique et des NTIC (nou-

---

1. En décembre 2007, le représentant de la Société des rédacteurs du *Monde*, Jean-Michel Dumay, a refusé de voter le budget 2008 de la filiale Internet du groupe, désireux de « mettre à plat » la façon dont sont valorisés les apports du quotidien et de sa rédaction dans l'exploitation des activités Internet. Cette argumentation était notamment justifiée par le fait que le périmètre des actionnaires du *Monde* ne se confond pas avec celui de sa filiale Internet. En effet, le groupe Lagardère détient 34 % des parts du Monde Interactif alors que sa participation dans le groupe Le Monde est beaucoup plus faible. Le groupe Lagardère reçoit, compte tenu de sa position globale dans le groupe, 49 % des profits du Monde Interactif. Du coup, une sous-estimation des prestations des journalistes papier par Le Monde Interactif lèse le groupe et favorise Lagardère.
Ce refus de valider le budget a provoqué la démission des trois membres du directoire du Monde, Pierre Jeantet, Bruno Patino et Éric Fottorino.

velles technologies de l'information et de la communication). Encore faut-il préciser que le cœur de son activité est d'opérer comme une plateforme sur laquelle les internautes viennent télécharger des logiciels libres. Un grand magasin, en somme...

Si séduisante soit-elle pour le consommateur, la gratuité est peut-être une fort mauvaise nouvelle pour le citoyen. Puisque, grâce à Internet, on prétend offrir au lecteur la possibilité de peser sur ses médias, plutôt que de feindre de considérer comme sacrée toute parole d'internaute, il serait plus logique de lui rendre son pouvoir de prescription en faisant de l'abonnement la source première de financement. À répéter dans la presse en ligne les erreurs qu'on a commises pour le papier, on a toutes les chances d'aboutir aux mêmes apories. L'avenir de notre presse, électronique ou pas, dépend de ceux qui la font, en particulier des journalistes. Mais elle dépend aussi du public. À lui de décider s'il veut ou non une information de qualité – et s'il est prêt à en payer le prix.

Le – bas – salaire de la peur

« Pas de couilles, pas d'embrouilles. » C'est par cette élégante formule que Christophe Hondelatte résumait à l'automne 2007 l'état d'esprit régnant au sommet de France Télévision[1]. Le journaliste réserva cette saillie au *Parisien*, qui l'interrogeait à l'occasion d'une soirée spéciale consacrée à l'impertinence. « Pas de vagues » semble être le mot d'ordre qui régit toute la profession. Lorsque nous avons commencé ce métier, avoir du caractère était un atout, même si cela ne facilitait pas nécessairement la vie d'une direction. Aujourd'hui, c'est presque devenu un défaut rédhibitoire. Un journaliste dépourvu de talent a plus de chance de faire carrière que son confrère jugé incontrôlable, affirmation aisément vérifiable par quiconque fréquente les rédactions. Les « grandes gueules » s'y font de plus en

---

1. Marc Pellerin, « L'impertinence selon Hondelatte », *Le Parisien*, 18 septembre 2007.

plus rares. Les faiseurs d'histoires, enquiquineurs, coupeurs de cheveux en quatre y sont mal vus. « Vous pouvez vous faire foutre dehors en moins de deux par des imbéciles qui ne comprennent rien à ce que vous racontez », nous dit un confrère qui, justement, tient à son job.

Avec l'ANPE en ligne de mire, la peur est devenue le carburant d'un métier qui continue à se percevoir comme le royaume de l'indocilité. Rien de très original, dira-t-on. On sait bien que dans le monde enchanté du capitalisme mondialisé, le salarié doit intégrer qu'il est jetable – c'est ce qu'on appelle la flexibilité. Les journalistes n'échappent pas à cette nouvelle loi d'airain. La peur du chômage se traduit par celle de se faire remarquer, de mécontenter ses supérieurs, de protester.

Impossible, cependant, de dénoncer une épouvantable censure. Le censeur est aussi introuvable que l'assassin des romans policiers. Mais c'est parce qu'il n'existe pas. Pour que des articles gênants soient censurés, il faudrait qu'ils existent. Or, toute la mécanique du système est ainsi faite que cela arrive de moins en moins souvent. Focalisés sur les institutions qu'ils sont censés « couvrir », nombre de journalistes passent le plus clair de leur temps en conférences de presse, voyages, entretiens, tous organisés en fonction de l'« actualité » – c'est-à-dire de la communication – du ministre, du parti ou de l'institution concernée. Ce train-train de rubricard laisse peu de chances au journaliste de mener des enquêtes et de se distinguer de ses confrères. Ça tombe bien, ce n'est pas ce qui lui est demandé. Au contraire, c'est précisément quand le rubricard de *Libération* n'écrit pas le même papier que son confrère du *Monde* que les ennuis commencent. Comment a-t-il osé ? Quelle arrogance ! Une fois qu'Éric Decouty a « sorti » l'affaire du scandale des caisses noires de l'UIMM[1] dans *Le Figaro*, scoop retentissant repris dans tous les médias, sa hiérarchie, après avoir tout fait pour que cet article ne soit pas trop mis en valeur, organisa une réunion de tous les secteurs du journal concernés (justice, syndicats, Medef, etc.) pour réfléchir au suivi de l'affaire. Mais Decouty lui-même n'y fut pas convié. Le même comportement a été réitéré lorsque sa consœur Anne Salomon, elle aussi au *Figaro*, a écrit un autre scoop, sur les délits d'initiés chez EADS[2].

Au sein du groupe Lagardère, premier employeur de la presse écrite française, les destins croisés d'Alain Genestar – l'ancien directeur de la rédaction de *Paris Match* – et de Jacques Espérandieu – à la tête du *Journal du dimanche* – sont symptomatiques du « gouvernement au trouillomètre » qui semble être la loi des médias. Le premier, courageux presque par inadvertance – Anne-Marie Couderc, directrice générale avait, en l'absence d'Arnaud Lagardère, validé sa fameuse « une » sur Cécilia et son amant –, n'a toujours pas retrouvé de job après son licenciement du groupe. Cette expérience a-t-elle inspiré Espérandieu, qui, après avoir été débarqué du *Parisien*, avait connu plusieurs mois de chômage

---

1. Union interprofessionnelle des métiers de la métallurgie. « La Justice se penche sur les comptes d'une branche patronale », *Le Figaro*, 14 octobre 2007.
2. Ce qui n'empêche point le directeur de la rédaction du quotidien de féliciter ces deux journalistes pour leur scoop.

avant de se retrouver au *JDD* ? Considéré comme plus raide que Genestar, celui-ci a accepté de censurer un article sur l'abstention de Cécilia Sarkozy au second tour de l'élection présidentielle. Il est toujours en place.

L'issue de la crise aux *Échos*, dont les journalistes doivent accepter d'avoir pour actionnaire un patron, Bernard Arnault, qu'ils rejetaient à la quasi-unanimité[1], est une autre défaite du journalisme. Voici quelques années, les rédacteurs auraient été nombreux à faire jouer la clause de cession – autrement dit à partir avec un pactole[2]. En cet automne 2007, ce n'est pas vraiment l'ambiance qui prévaut au sein de la rédaction des *Échos*. Partir ? Pour aller où ? À *La Tribune*, où Alain Weill, le nouveau P-DG, va devoir tailler dans les dépenses pour réduire un déficit de 17 millions d'euros ?

À la télévision, on a mis fin à toutes les enquêtes qui pouvaient mettre en cause des membres de l'establishment. Ainsi la série de portraits que Canal + commandait à Capa a-t-elle été arrêtée après la diffusion de deux 26 minutes sur Ernest-Antoine Seillière et sur Bernard-Henri Lévy. Les journalistes de l'émission de reportage « Envoyé spécial » courent le monde pour éviter de mettre en cause qui que ce soit dans l'économie ou la politique françaises. Partout, les mêmes consignes sont données aux sociétés de production : on veut du sociétal...

---

1. En raison de la place de Bernard Arnault dans la vie économique française, les risques de conflits d'intérêts pour les journalistes du quotidien économique sont élevés. Voir chapitre « La bataille des *Échos* », p. 173.
2. La clause de cession permet aux journalistes de partir avec les indemnités correspondant à un licenciement en cas de changement d'actionnaire. Voir note p. 166.

Dans les émissions de débat qui ont fleuri sur toutes les antennes de radio et de télé, un animateur peut, du jour au lendemain, décider souverainement de se passer des services d'un participant régulier, privant ainsi celui-ci d'une visibilité et d'un revenu. On comprend aisément que cette dépendance favorise la soumission – et crée une ambiance étrange. Ainsi, dans la plupart des cas, lorsqu'un collaborateur est « remercié », ses anciens partenaires s'en tiennent à un silence prudent. On rectifie la photo de groupe et la vie continue[1].

Du point de vue de leur fonctionnement, les médias se sont alignés sur le droit commun. Le principe hiérarchique s'y est déployé avec force, comme si on avait voulu rattraper des années de pagaille. Dans la plupart des journaux, les décisions sont prises au cours de conclaves restreints, la piétaille journalistique étant ensuite invitée à valider les choix des étages supérieurs au cours des conférences de rédaction devenues d'ennuyeuses cérémonies. Dans tous les médias, les dirigeants sont obsédés par les questions d'organisation et les « procédures » auxquelles ils consacrent un temps et une énergie démesurés. Des *cost-killers* débarquent pour mesurer la « productivité » des journalistes. Alors que gestionnaires et bureaucrates détiennent un pouvoir croissant, les plus médiocres ont souvent les meilleures chances de monter en grade. Peu importe la marchandise transportée du moment qu'elle arrive à

---

[1]. L'un des auteurs, dont la spécialité est justement de se faire virer, a eu la chance d'être souvent défendu par certains de ses confrères. Qu'ils en soient ici remerciés.

l'heure, dans les quantités requises et au prix négocié : le journalisme libéral a fini par être subordonné à des principes qui rappellent le plan quinquennal. Aussi la souplesse d'échine et la docilité sont-elles de meilleurs atouts que la liberté d'esprit.

En conséquence, plus on parle d'impertinence, moins il y en a, et pas seulement à la télévision. Peut-être est-ce précisément le hiatus entre les proclamations et la réalité, qui donne le sentiment que le fond de l'air (du temps) est frelaté. Les « mutins de Panurge » (trouvaille de notre défunt ami Philippe Muray) triomphent. Jamais on n'a autant célébré la subversion. Jamais on n'a autant écarté les emmerdeurs. En vérité, dans un monde où Étienne Mougeotte peut, sans susciter la moindre réaction de son interlocuteur, se proclamer « à rebours de l'esprit du temps », on est tenté de se dire dans le sens du vent[1]. Il était d'ailleurs significatif d'entendre dans la voix d'Ali Baddou, animateur de la matinale de France Culture, qui l'interviewait, combien il était intimidé en recevant l'ancien patron de TF1 passé au *Figaro*. Dans une maison où l'on affiche volontiers son caractère rebelle en placardant dans son bureau l'aveu de Patrick Le Lay sur la véritable vocation de sa chaîne – « vendre du temps de cerveau disponible » –, on aurait pu s'attendre à ce qu'un homme qui avait longtemps été son lieutenant fût au moins bousculé. Or, dès les premières minutes de l'émission, on sentit que l'invité suscitait plus que du respect (auquel chacun a droit), presque de la

---

1. Il était reçu le 6 décembre 2007 par Ali Baddou, pour les « Matins » de France Culture.

déférence. « J'ai le grand plaisir d'accueillir Étienne Mougeotte », déclara le journaliste ; et ce plaisir n'était pas feint. Il faut essayer de comprendre pourquoi un journaliste cultivé dont on peut affirmer sans grand risque qu'il regarde peu TF1 et n'a jamais rêvé d'y travailler, paraissait, certainement à son corps défendant, si impressionné par un homme qui fut longtemps l'un des symboles du poujadisme cathodique et de la misère télévisuelle. La réponse est simple : cet homme demeure, même après son départ de TF1, une incarnation de la puissance. Dans le monde des médias, il a fait partie de ceux qui pouvaient aligner le plus grand nombre de zéros sur les chèques. Bien sûr, les deux protagonistes se récrieraient avec indignation devant cette interprétation. L'hommage rendu à la puissance (c'est-à-dire très souvent à l'argent) est l'un des poncifs du journalisme. Mais les journalistes ne le savent pas.

Le départ de Nicolas Beytout du *Figaro* a été l'occasion d'une véritable salve de dithyrambes qui ne laissent pas d'étonner quand on sait que ses anciens subordonnés le jugent à la fois déprimant et arrogant, comme en témoignent les sobriquets qui ont accompagné sa carrière (E.T., Sa Suffisance, etc.). Pourtant, *Le Monde* a envoyé trois journalistes – autant que pour un Premier ministre ! – l'interroger au moment de son départ pour le groupe LVMH. Et Jean-Michel Apathie, de RTL, qui aime à se considérer comme le journaliste le plus impertinent de sa génération, n'a pas lésiné sur le compliment : « Nicolas est un très bon journaliste. Informé et travailleur, pertinent et subtil, élégant en plus, solide et cultivé aussi. [...] Sous sa direction, *Le Figaro* a offert, jour après jour, à ses lecteurs, une information de qualité, dans le respect scrupuleux des faits, avec en plus des scoops qui n'ont pas toujours fait plaisir à la droite républicaine dont ce journal, par histoire et choix intellectuel, se dit proche. » Ah, quel grand directeur il fut et sera encore...

En 2007, il est de bon ton de dénoncer la soumission de la corporation à l'Élysée, mais les journalistes sont plus souvent contraints de « s'écraser » devant leurs patrons et les amis de leurs patrons que devant Nicolas Sarkozy. (Et quand Nicolas Sarkozy se trouve être l'ami du patron, c'est à ce titre qu'il peut faire peur, bien plus qu'en raison de sa fonction.)

Ce règne de la peur, devenue sans que l'on s'en rende compte l'air que respire le milieu des journalistes, est sans doute l'aboutissement de l'abaissement du métier dont nous avons voulu décrire les principales manifestations : le journalisme politique devenu (ou redevenu) une chronique de cour ; le reportage tué par l'immédiateté et l'idéologie des droits de l'homme ; le journalisme d'investigation enterré par ses excès robespierristes. En toile de fond de ce processus, le pouvoir journalistique incarné dans les sociétés de rédacteurs était attaqué de toutes parts – même s'il conserve par endroits de beaux restes.

Ces évolutions ne traduisent pas forcément le noir dessein de quelque ombrageux Dark Vador fermement déterminé à pourchasser les derniers journalistes indépendants et à détruire les derniers espaces de liberté de la presse. Mais elles convergent vers ce que nous sentons venir – non pas la mort de l'information, mais sa perte de sens au travers d'un zapping permanent dans lequel une nouvelle chasse l'autre et vice-versa, pour l'éternité. Non pas l'irruption d'une censure frontale, mais l'avènement et la généralisation d'une autocensure intégrée dans les rédactions. Non pas le musellement des journalistes, mais l'étouffement progressif de leur liberté. Le journaliste du XXIe siècle ploie sous l'inflation de l'information. Le robinet à dépêches actionné par l'algorithme qui fait la loi sur Internet impose une modestie qui confine à l'humiliation. En dehors de quelques stars qui sauront bientôt le prix à payer pour maintenir leur nom à l'état de marque rentable, les journalistes contemporains ont et auront de plus en plus conscience d'être des numéros. Et cette conscience-là ne pousse pas nécessairement à jouer les héros. D'autant que sur le dos de ce « journaliste ordinaire » de plus en plus apeuré, se construit, brique par brique, un paysage médiatique dans lequel les actionnaires, pour la plupart acteurs de l'industrie et des services, se soutiennent mutuellement. Il faut reconnaître que les médiacrates réussissent souvent à se conformer à la caricature que brossent d'eux les gauchistes.

Dans ces conditions, on pourrait penser qu'il ne reste plus qu'à prendre ses jambes à son cou pour aller exercer un métier plus gratifiant et moins stressant. Ce n'est pas tout à fait sûr. Il faut d'abord rappeler que, malgré les difficultés croissantes que nous avons tenté d'explorer dans les pages précédentes, nombre de nos confrères n'ont pas renoncé à faire leur métier sans pour autant se faire débarquer. Cela suppose une certaine habileté et quelques concessions, mais cela reste possible. Pour une raison simple : si soucieux soient-ils d'avoir la paix, les hiérarques sont bien obligés de tenir compte d'un acteur indispensable et incontrôlable, le public. Or, celui-ci continue à réclamer une information de qualité.

Le métier que nous aimions pour la liberté et la curiosité qu'il autorisait n'est peut-être pas mort. Qu'on ne se méprenne pas : nous ne croyons nullement qu'il faut être révolutionnaire pour être journaliste. Nous pensons en revanche que cela suppose d'avoir des idées et d'être prêt à les défendre, y compris quand elles déplaisent. Face à l'explosion d'Internet, il y a fort à parier que les médias ne pourront se contenter de perpétuer un ronronnement conformiste. De ce point de vue, l'évolution de France Inter est peut-être significative d'un renouveau. Que l'on soit ou non en accord avec l'animateur de la matinale de la chaîne publique Nicolas Demorand, il faut saluer sa volonté de s'adresser à l'intelligence des auditeurs et son indépendance à l'égard des pouvoirs.

Internet, nous l'avons expliqué, peut offrir de nouveaux espaces de liberté. Ainsi, les sites d'information sont-ils généralement plus libres que les médias qui les contrôlent. De surcroît, à l'orée de cette année 2008, certaines tentatives – celles de Daniel Schneidermann[1] avec « Arrêt sur images » ou encore de Nicolas Beau du *Canard enchaîné* avec Bakchich, ou encore d'Edwy Plenel avec Media-Part – visent à trouver un nouveau modèle économique, indépendant de la publicité, pour produire

---

1. Précisons qu'Élisabeth Lévy est l'une des chroniqueuses de ce site de critique des médias.

et diffuser de l'information. Certes, rien n'assure que ces essais seront transformés. On peut, en tout cas, le souhaiter et, d'ores et déjà, saluer l'ambition et l'énergie dont témoignent ces tentatives. De même, la fréquentation de jeunes journalistes qui n'entendent pas se contenter de réciter une partition écrite à l'avance est-elle souvent revigorante.

Enfin, il faut dire un mot de l'édition, dernier refuge de ceux qui pensent de travers : c'est dans des livres que le public peut prendre connaissance des enquêtes ou des reportages que des journalistes n'osent plus proposer à leur hiérarchie. Étrangeté de l'époque, ces mêmes hiérarques qui rechigneraient à commander une enquête à charge contre Nicolas Sarkozy ou Ségolène Royal acceptent de publier les « bonnes feuilles » d'ouvrages relatant ces investigations. Il est vrai que publier des extraits d'un livre dans un journal n'a pas le même sens que commander puis assumer une enquête au nom de ce journal. Dans le premier cas, il s'agit de politique commerciale, dans le second d'indépendance éditoriale dont la manifestation est souvent interprétée par les puissants comme une déclaration de guerre.

Au terme de cette traversée souvent décourageante, nous refusons donc de nous résigner, et persistons à croire que le journalisme a un avenir : il dépend, bien sûr, des journalistes eux-mêmes, mais aussi des citoyens auxquels ils s'adressent. Nous aurons tous, en somme, le journalisme que nous méritons.

Table des matières

Introduction. Que nous est-il arrivé ? — 7

Première partie : Figures du journalisme — 29
1. Le journalisme politique : on colle ou on cogne — 31
2. Les reporters, au rapport ! — 51
3. De l'enquête au Grand Investigateur — 67

Deuxième partie : Après le communisme, le journalisme — 101
1. De la politique au médiatique — 103
2. Du Grand Soir au 20-heures — 117

Troisième partie : Du pouvoir journalistique — 139

Entre servitude et révolte
1. Aux origines des sociétés de rédacteurs — 141
2. La tragédie de l'autogestion journalistique au *Monde* — 149
3. Comment *Libération* est rentré dans le rang — 161
4. La bataille des *Échos*. Sociétés de journalistes : le retour ? — 173

Quatrième partie : Et maintenant ? 191

Ne dites pas à ma mère que je travaille sur le Web, elle croit que je suis journaliste 193

Conclusion. Le – bas – salaire de la peur 219

« Pour l'éditeur, le principe est d'utiliser des papiers composés de fibres naturelles, renouvelables, recyclables et fabriquées à partir de bois issus de forêts qui adoptent un système d'aménagement durable. En outre, l'éditeur attend de ses fournisseurs de papier qu'ils s'inscrivent dans une démarche de certification environnementale reconnue. »

Photocomposition Nord Compo
Villeneuve d'Ascq

Impression réalisée sur CAMERON par
BRODARD ET TAUPIN
La Flèche

pour le compte des Éditions Fayard
en janvier 2008

Dépôt légal : janvier 2008
N° d'édition : 95905 – N° d'impression : 45246
Imprimé en France